Volker Barth, Gerd Baumann, Michael Baumgart, Werena Busker, Alfred Geltinger, Axel Jähring,
Volker Kähler, Kay Sanmann, Inka Schliebner

Arbeitsheft Gut – Güter – Logistik

Fachlageristen und Fachkräfte für Lagerlogistik im 1. und 2. Ausbildungsjahr

1. Auflage

Bestellnummer 00342

■ Bildungsverlag EINS

Haben Sie Anregungen oder Kritikpunkte zu diesem Produkt?
Dann senden Sie eine E-Mail an 00342_001@bv-1.de
Autoren und Verlag freuen sich auf Ihre Rückmeldung.

Die in diesem Produkt gemachten Angaben zu Unternehmen (Namen, Internet- und E-Mail-Adressen, Handelsregistereintragungen, Kontonummern, Steuer-, Telefon- und Faxnummern und alle weiteren Angaben) sind i. d. R. fiktiv, d. h., sie stehen in keinem Zusammenhang mit einem real existierenden Unternehmen in der dargestellten oder einer ähnlichen Form. Dies gilt auch für alle Kunden, Lieferanten und sonstigen Geschäftspartner der Unternehmen wie z. B. Kreditinstitute, Versicherungsunternehmen und andere Dienstleistungsunternehmen. Ausschließlich zum Zwecke der Authentizität werden die Namen real existierender Unternehmen und z. B. im Fall von Kreditinstituten auch deren Bankleitzahlen, IBAN- und Swift-Codes verwendet.

www.bildungsverlag1.de

Bildungsverlag EINS GmbH
Hansestraße 115, 51149 Köln

ISBN 978-3-427-**00342**-7

Vorwort

Für wen ist das Arbeitsheft gedacht?

Das vorliegende Arbeitsheft ist für Auszubildende in den Ausbildungsberufen Fachlagerist und Fachkraft für Lagerlogistik erstellt und soll das Fachbuch „Gut – Güter – Logistik“ (Bestellnummer 00340) ergänzen.

Wie ist das Arbeitsheft aufgebaut?

Dieses Arbeitsheft deckt weitgehend die Lernfelder der KMK-Rahmenlehrpläne beider Ausbildungsberufe für das 1. und 2. Ausbildungsjahr ab und wird ergänzt durch ein Lernfeld „Fachrechnen – Wirtschaftsrechnen“.

Welche Ziele verfolgt das Arbeitsheft?

Dieses Arbeitsheft ist so aufbereitet, dass es von der Lehrkraft zur Erarbeitung des Unterrichtsstoffes und zur Lernzielsicherung des vermittelten Wissens eingesetzt wird. Es kann auch zum selbstständigen Erarbeiten, Wiederholen und Vertiefen des Lernstoffes sowie zur Vorbereitung auf die Abschlussprüfung im Ausbildungsberuf Fachlagerist genutzt werden.
Das Arbeitsheft ist gleichermaßen für Einzel- und Gruppenarbeit nutzbar. Sein Einsatz in der Klasse erspart dem Lehrer Vorbereitungszeit und Kopierarbeit. Für die Schüler vermindert es zeitaufwendige Schreibarbeit.

Wie sind die einzelnen Lernfelder strukturiert?

Die verwendeten Aufgabenarten erhöhen die Methodenkompetenz und ermöglichen den Auszubildenden ein abwechslungsreiches Arbeiten. Neben offenen Fragen sind Lückentexte, Zuordnungs-, Reihenfolge- und Rechenaufgaben oder Kreuzworträtsel zu lösen sowie Abbildungen, Schaubilder, Landkarten und Gesetzestexte zu bearbeiten.
Ein Teil der Aufgaben ist ohne Hilfe zu lösen, bei anderen Aufgaben soll das Fachbuch zu Hand genommen werden. Rechenhilfen unterstützen das Lösen der Rechenaufgaben. Das Bearbeiten praxisnaher Situationsaufgaben soll die Handlungsorientierung fördern.

Selbstverständlich bleibt es der Lehrkraft überlassen, weitere Schaubilder, Texte, Tabellen, Situationsaufgaben und Themenbereiche in den Unterricht einfließen zu lassen.

Das Autorenteam ist für Anregungen und Kritik dankbar und hofft, Lehrern, Dozenten, Auszubildenden und Umschülern mit dem Arbeitsheft eine Erleichterung ihrer täglichen Arbeit geschaffen zu haben. Wir wünschen allen einen erfolgreichen Einsatz.

Das Autorenteam

Inhaltsverzeichnis

Lernfeld 1

Güter annehmen und kontrollieren

Arbeitsblatt 1: Warenannahme

Situation

Onno macht seine Ausbildung als Fachlagerist bei der Firma Johann Kruse GmbH & Co. KG in Emden, einem Großhandel für Bürotechnik. Gerade ist ein Lkw der Ems-Jade-Logistik vorgefahren. Der Fahrer legt einen Speditionsauftrag vor.

Ems-Jade-Logistik GmbH Mellumer Str. 47 26382 Wilhelmshaven	**Speditionsauftrag Nr.**	337/12

Empfänger	Versender
Johann Kruse GmbH & Co. KG Bürogroßhandel Am Delft 15 26721 Emden	Oldenburger Bürotechnik OHG Nadorster Straße 83 26123 Oldenburg

Versender-Nr.	4457033	Versanddatum	22.03.20..
Freivermerk	frei Haus	Nachnahme	----

Position	Nr.	Anzahl Kolli	Inhalt	Verpackung	Gewicht in kg
1	3345-77-B12	2	4 Aktenschränke	Europalette	280
2	12-45K5567	2	8 Bürostühle	Europalette	320
3	333/56-99	4	2 Schreibtische	Einwegpalette	240
gesamt					840

Sendung vollzählig in einwandfreiem Zustand übernommen	Lkw-Kennzeichen *WHV-EJ 333*	Transportversicherung Vers.-Summe: 4.000 €
22.03.20.. Datum *Bartels* Unterschrift Frachtführer	erhalten: *4* Europaletten ___ Gitterboxpaletten	übergeben: *4* Europaletten ___ Gitterboxpaletten
Sendung in einwandfreiem Zustand erhalten	Ort u. Datum	Unterschrift Empfänger

1. Beschreiben Sie, welche Prüfungen Onno in Anwesenheit des Fahrers vornehmen muss.

2. Welche Begleitpapiere könnten statt des Speditionsauftrags vorgelegt werden?

3. Nachdem der Lagerleiter, Herr Martens, die Ware mit dem Gabelstapler abgeladen hat, will der Fahrer weiterfahren, weil er noch andere Kunden zu beliefern hat. Worauf wird der Fahrer bestehen, wenn alles in Ordnung war?

4. Warum wird die Ware nur unter Vorbehalt angenommen?

5. Die Ware wurde auf Paletten angeliefert. Muss die Ware abgepackt werden, damit der Fahrer die Paletten wieder mitnehmen kann? Erläutern Sie die Vorgehensweise bei Warenanlieferung auf Paletten.

Arbeitsblatt 2: Abgleich von Bestellung mit Lieferschein

Situation

Die Firma Johann Kruse & Co. KG bestellt bei der Bremer Lichttechnik GmbH folgende Artikel:

Johann Kruse & Co. KG, Emden		Lieferant	Bestellung Nr. 47445/67
Angebot vom	12.03.20..	Bremer Lichttechnik GmbH Weserstraße 47-51 28757 Bremen	
Bestelldatum	15.03.20..		
Lieferzeit	5 Werktage		
Position	**Artikelnr.**	**Artikel**	**Menge**
1	23L3356/89	Deckenlampe Orion, weiß	15 Stück
2	34L5678/06	Wandlampe Aladin	10 Stück
3	56L4453/54	Schreibtischlampe Labor, silbern	12 Stück
4	88L7623/22	Kabelboy, automatic	20 Stück
5	90L6674/17	Leuchtmittel 20 L	120 Stück

Vereinbarungsgemäß wird die Ware per Lkw am 22.03.20.. geliefert. Die Ware wird unter Vorbehalt angenommen.

1. Überprüfen Sie, ob die gemäß Lieferschein gelieferten Waren mit den bestellten übereinstimmen. Tragen Sie eventuelle Abweichungen im Lieferschein unter Bemerkungen ein.

Lieferschein			Nr. 335678		
Absender: Bremer Lichttechnik GmbH Weserstraße 47–51 28757 Bremen			Empfänger: Johann Kruse & Co. KG Bürogroßhandel Am Delft 15 26721 Emden		
Versanddatum		23.03.20..	Bestellung Nr.		47445/67
Versandart		Lkw	Bestellung vom		15.03.20..
Kolli		16 Schachteln	Lieferbedingung		frei Haus
Pos.	**Artikelnr.**	***Artikelbezeichnung***	**Menge**	**Einheit**	**Bemerkungen**
1	23L3356/87	*Deckenlampe Orion, silbern*	15	Stück	
2	34L5678/06	*Wandlampe Aladin*	10	Stück	
3	56L4453/54	*Schreibtischlampe Labor, silbern*	10	Stück	
4	88L7623/22	*Kabelboy, automatic*	40	Stück	
5	90L6674/07	*Leuchtmittel 30 L*	120	Stück	

Arbeitsblatt 3: Waren kontrollieren

Situation

Onno hilft dabei, die auf Paletten angelieferten Büromöbel der Firma Oldenburger Bürotechnik OHG aus der Warenannahme ins Lager zu schaffen. Dort werden die Paletten abgepackt und die Möbel genauer kontrolliert. Onno hilft dem Mitarbeiter Gerd Ackermann bei der Kontrolle der Waren. Beim Auspacken stellen sie mehrere Mängel fest, die von Gerd Ackermann in einem bereits von der EDV vorbereiteten Mängelprotokoll festgehalten werden.

Mängelprotokoll		**Johann Kruse GmbH & Co. KG**	
Lieferant	Oldenburger Bürotechnik OHG Nadorster Straße 83 26123 Oldenburg	Lieferzeit	22.03.20..
Lieferschein	337/12	Bestellung vom	27.02.20..
Artikelnummer	**Artikelbezeichnung**	**festgestellte Mängel**	
3345-77-B12	Aktenschränke	*Ein Aktenschrank weist starke Kratzer am linken Seitenteil auf.*	
12-45K5567	Bürostühle	*Bei vier Bürostühlen sind die Bezüge aus minderwertigem Stoff.*	
333/56-99	Schreibtische	*Zwei der vier Schreibtische sind grau statt weiß.*	
Emden, den	*23.03.20...*	Unterschrift:	*G. Ackermann*

1. Welche Prüfunterlagen könnte Gerd Ackermann verwenden, wenn er feststellen will, ob die gelieferten Waren den bestellten entsprechen?

____

____

____

2. Wann müssen diese Mängel dem Lieferanten gemeldet werden?

____

3. Wann müssen Mängel, die sich erst später bei Gebrauch zeigen, spätestens dem Lieferanten angezeigt werden?

____

____

4. Wo sollten die beanstandeten Waren bis zur Klärung mit dem Lieferanten gelagert werden? Begründen Sie Ihre Antwort.

____

____

____

5. Der Kunde hat bei Schlechtlieferung zunächst vorrangig das **Recht auf Nacherfüllung**. Zählen Sie auf, wie sich dieses Recht konkret darstellen kann (Formen der Nacherfüllung).

- ____
- ____
- ____
- ____

6. Welche vorrangigen Rechte sollten gegenüber dem Lieferanten in diesen Fällen in Anspruch genommen werden? Bitte ergänzen Sie die folgende Tabelle.

Artikel	Mängel	Mängelart	eingeforderte Rechte
3345-77-B12 Aktenschrank	Die linke Seite eines Aktenschrankes ist stark zerkratzt.		
12-45K5567 Bürostuhl	Bei vier Bürostühlen sind die Bezüge aus einem minderwertigen Stoff.		
333/56-99 Schreibtisch	Zwei Schreibtische wurden in grau statt in weiß geliefert.		

7. Unter welchen Umständen können die nachrangigen Rechte des Käufers bei Schlechtlieferung in Anspruch genommen werden?

8. Erklären Sie, unter welchen Bedingungen die folgenden nachrangigen Rechte vom Käufer in Anspruch genommen werden können.

Rücktritt vom Vertrag	
Minderung des Kaufpreises	
Schadenersatz neben der Leistungserfüllung	
Schadenersatz statt der Leistung	

Arbeitsblatt 4: Codierung

Kreuzworträtsel rund um die Codierung

1 Code, der eine große Menge an Daten aufnehmen kann
2 besitzt einen elektronischen Speicher und eine Sende-/Empfangsantenne
3 Daten mithilfe eines Lesegerätes eingeben
4 Code, der Daten durch unterschiedliche Anordnung und Dichte von Strichen speichern kann
5 Code, der aus mehreren übereinander angeordneten Strichcodes besteht
6 kleiner elektronischer Grundbaustein
7 zu speichernde Informationen
8 mit seiner Hilfe kann jedes Packstück weltweit eindeutig identifiziert werden
9 soll einen reibungslosen Informations- und Warenfluss gewährleisten
10 mithilfe dieser Technik können Informationen gesendet und empfangen werden
11 Aufkleber mit wichtigen Informationen (englische Version)
12 Aufkleber mit wichtigen Informationen (deutsche Version)
13 Abkürzung für Technik, die mit „Tags" arbeitet
14 allgemeiner Begriff für Mitwirkende

Lösungswort:

Arbeitsblatt 5: Umgang mit Transportverpackungen

Situation

Im Lager sieht es chaotisch aus. Vor der Einlagerung in Fachbodenregale wurde angelieferte Ware ausgepackt. Die Versandverpackungen liegen jetzt herum. Onno bekommt den Auftrag, die Verpackungen wegzuräumen. Zunächst macht er sich daran, die Einwegverpackungen von den Mehrwegverpackungen zu trennen.

1. Entscheiden Sie in den folgenden Fällen, ob es sich um Einweg- oder Mehrwegverpackungen handelt.

Transportverpackungen	Einwegverpackung	Mehrwegverpackung
Euroflachpalette		
Gitterboxpalette		
Industriepalette (1,00 m x 1,20 m)		
stabile Schachteln		
Kunststoffbehälter, zusammenlegbar		
Inka-Palette		

Situation

Im Bürogroßhandelsbetrieb werden nicht nur Waren angeliefert, sondern auch an Kunden ausgeliefert. Hierzu werden Versandverpackungen benötigt, u. a. Packmittel, in die die Ware hineingelegt werden kann, und Packhilfsmittel als Füllstoff oder Verschlussmittel. Wenn die beim Wareneingang anfallende gebrauchte Versandverpackung für den eigenen Warenversand wieder verwendet werden kann, können die Kosten für Transportverpackungen gesenkt werden.

2. Entscheiden Sie, was mit folgenden gebrauchten Verpackungen geschehen soll.

	wieder verwendbar als		Entsorgung als
Verpackungen	**Packhilfsmittel**	**Packmittel**	**Wertstoff**
Styroporchips			
Schrumpffolie			
Holzpalette 1 m x 1 m			
Papiertüten			
Schachtel aus Wellpappe			
Stahlumreifungen			
Kantenschutz aus Kunststoff			
Stretchfolie			

Informieren Sie sich im Buch Gut - Güter - Logistik, Lernfeld 6, über die verschiedenen Arten der Verpackung.

Situation

Onno beobachtet, dass bei der Warenannahme nicht alle Europaletten getauscht werden. Sein Ausbilder erklärt ihm, dass die Europaletten bestimmte Bedingungen erfüllen müssen, um tauschfähig zu sein.

3. Wer legt fest, unter welchen Bedingungen die Paletten getauscht werden können?

____

____

4. Stellen Sie fest, welche Europaletten tauschfähig oder nicht tauschfähig sind.

Beschreibung des Zustandes der Europaletten	tauschfähig	nicht tauschfähig
Die Palette weist leichte Absplitterungen am Rand eines Brettes auf.		
Der linke vordere Klotz fehlt.		
Es ragen mehrere Nägel aus der Palette heraus.		
Die Palette ist erkennbar unsachgemäß repariert worden.		
Die Palette ist leicht verschmutzt.		
Es fehlt ein Brett in der Mitte der Palette.		
Die Klotzmarkierungen sind nicht mehr zu erkennen.		
Die Palette ist teilweise morsch.		
Die Palette ist sehr nass.		

5. Welche Vor- und Nachteile haben Einweg- bzw. Mehrwegtransportbehälter?

	Einwegtransportverpackung	Mehrwegtransportverpackung
Vorteile	▪ ______ ______ ______ ▪ ______ ______ ______	▪ ______ ______ ______ ▪ ______ ______ ______
Nachteile	▪ ______ ______ ______ ▪ ______ ______	▪ ______ ______ ______ ▪ ______ ______

Arbeitsblatt 6: Sicherheit am Arbeitsplatz

Situation

Im Bürogroßhandelsbetrieb Johann Kruse GmbH & Co. KG sind mehrere Europaletten angeliefert worden. Auf den Paletten befinden sich Schachteln, die durch Umreifung mit Stahlband vor dem Herunterfallen gesichert sind. Ottos Kollege Karl Janssen ist damit beschäftigt, die Stahlbänder zu lösen. Dabei verletzt er sich die linke Hand an einem scharfkantigen Stahlband. Die Wunde blutet stark. Onno hat dies beobachtet und eilt seinem Kollegen zur Hilfe.

1. Beschreiben Sie, welche Maßnahmen Onno in diesem Fall ergreifen muss.

2. Der Verletzte wird zum Unfallarzt gebracht. Dieser schreibt ihn für eine Woche krank. Welche Maßnahmen müssen seitens des Arbeitgebers jetzt ergriffen werden?

3. Nennen Sie Beispiele für Gefahren am Arbeitsplatz und die entsprechenden persönlichen Schutzausrüstungen zur Verhütung von Unfällen.

Gefahren	Schutzausrüstung

4. Sicherheitszeichen geben Hinweise darauf, wie die Mitarbeiter sich verhalten sollen,

- um Unfälle oder Brände zu verhindern,
- wenn ein Brand ausgebrochen ist.

Ergänzen Sie die Tabelle entsprechend.

Sicherheitszeichen	Hintergrund	Umrandung	Symbol	Form
	weiß	rot	schwarz	rund
Warnzeichen	gelb		schwarz	
	blau	keine	weiß	
		keine	weiß	rechteckig
Brandschutzzeichen				quadratisch

Situation

Onno ist Zeuge des Unfalls seines Kollegen Karl Janssen. Der Ausbilder Günther Martens hat den Auftrag, eine Unfallanzeige an die Berufsgenossenschaft auszufüllen, und bittet Onno, ihm dabei zu helfen. Folgende Daten hat Günther Martens sich hierfür aus der Personalabteilung besorgt:

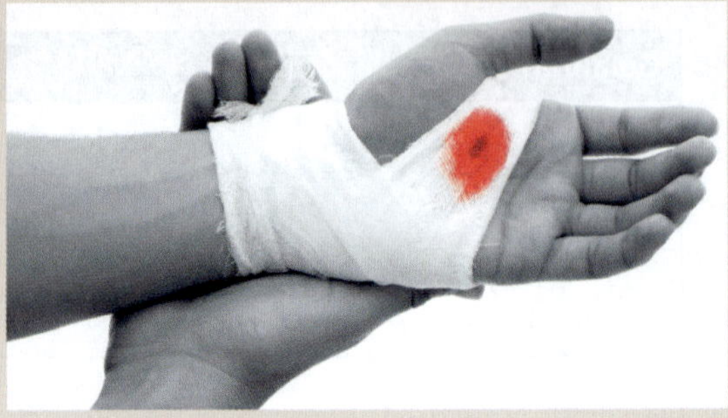

zuständige Berufsgenossenschaft:	Berufsgenossenschaft Handel und Warendistribution Falkenstraße 7 28275 Bremen
Arbeitgeber: Unternehmensnummer bei der Berufsgenossenschaft:	Johann Kruse GmbH & Co. KG Am Delft 15 26721 Emden 234JKE33579
verletzte Person: geboren am: beschäftigt als/seit: wohnhaft: krankenversichert:	Karl Janssen 15.03.1980 Fachlagerist seit 01.07.2003 Emder Straße 15, 26736 Krummhörn AOK Emden
tägliche Arbeitszeit: Unfallzeitpunkt: Art der Verletzung: behandelnder Notarzt:	07:30 – 16:45 Uhr 12.06.20.., 9:15 Uhr tiefe Schnittwunde in der linken Hand Unfallarzt Dr. Robert Kramer, Emden

5. Füllen Sie die Unfallanzeige auf der folgenden Seite aus.

UNFALLANZEIGE

1 Name und Anschrift des Unternehmens

2 Unternehmensnummer des Unfallversicherungsträgers

3 Empfänger

4 Name, Vorname des Versicherten		**5** Geburtsdatum Tag Monat Jahr
6 Straße, Hausnummer	Postleitzahl	Ort
7 Geschlecht ☐ männlich ☐ weiblich	**8** Staatsangehörigkeit	**9** Leiharbeitnehmer ☐ ja ☐ nein
10 Auszubildender ☐ ja ☐ nein	**11** Ist der Versicherte ☐ Unternehmer ☐ mit dem Unternehmer verwandt	☐ Ehegatte des Unternehmers ☐ Gesellschafter/Geschäftsführer
12 Anspruch auf Entgeltfortzahlung besteht für ☐ Wochen	**13** Krankenkasse des Versicherten (Name, PLZ, Ort)	
14 Tödlicher Unfall? ☐ ja ☐ nein	**15** Unfallzeitpunkt Tag Monat Jahr Stunde Minute	**16** Unfallort (genaue Orts- und Straßenangabe mit PLZ)

17 Ausführliche Schilderung des Unfallhergangs (Verlauf, Bezeichnung des Betriebsteils, ggf. Beteiligung von Maschinen, Anlagen, Gefahrstoffen)

Die Angaben beruhen auf der Schilderung ☐ des Versicherten ☐ anderer Personen

18 Verletzte Körperteile	**19** Art der Verletzung
20 Wer hat von dem Unfall zuerst Kenntnis genommen? (Name, Anschrift des Zeugen)	War diese Person Augenzeuge? ☐ ja ☐ nein
21 Name und Anschrift des erstbehandelnden Arztes/Krankenhauses	**22** Beginn und Ende der Arbeitszeit des Versicherten: Beginn Stunde Minute; Ende Stunde Minute
23 Zum Unfallzeitpunkt beschäftigt/tätig als	**24** Seit wann bei dieser Tätigkeit? Monat Jahr

25 In welchem Teil des Unternehmens ist der Versicherte ständig tätig?

26 Hat der Versicherte die Arbeit eingestellt? ☐ nein ☐ sofort später, am Tag Monat Stunde

27 Hat der Versicherte die Arbeit wieder aufgenommen? ☐ nein ☐ ja, am Tag Monat Jahr

28 Datum | Unternehmer/Bevollmächtigter | Betriebsrat (Personalrat) | Telefon-Nr. für Rückfragen (Ansprechpartner)

Lernfeld 2

Güter lagern

Arbeitsblatt 1: Aufgaben/Funktionen der Lagerhaltung

1. Welche Aufgabe der Lagerhaltung ist im jeweiligen Beispiel beschrieben bzw. in der Abbildung sichtbar?

a) Durch die steigenden Bauxitpreise beschließt der Einkauf, die 1,5-fache Menge Bauxit einzukaufen.

____

b) Lkw-Reifen werden im Fertigwarenlager aufbewahrt, um ihre Lebensdauer zu verlängern.

____

c) Die im Sommer zusammengesetzten Streusalzsäcke werden bis zur erwarteten Nachfrage in den Wintermonaten im Lager aufbewahrt.

____

d) Der Lagerbestand an Skiern wird erhöht, um die Lieferbereitschaft für die nächste Saison zu verbessern.

____

e) Im Fertigwarenlager einer Werkzeugfabrik werden verschiedene Schraubendreher, Zangen und Bohrer gemäß der Bestellung eines Kunden entnommen und zu einem Sortiment verpackt.

____

f) Schon im Dezember werden die Osterhasen gelagert.

____

g) 

____

h) Vor den Feiertagen werden bei vielen Warengruppen die Bestände erhöht.

____

i) 

____

2. Im Lager wird eine Mischung Streichfarbe von 6 Litern im Verhältnis 2:1 (Farbe A = 2 Anteile, Farbe B = 1 Anteil) gemischt. Wie viel Liter werden jeweils für A und B benötigt?

3. 10 kg Tee werden wie nachfolgend gemischt:
 2 Anteile Teesorte A,
 4 Anteile Teesorte B,
14 Anteile Teesorte C.
Wie viel Gramm werden jeweils für die Teemischung gebraucht?

Arbeitsblatt 2: Voraussetzungen für eine ordnungsgemäße Lagerung

1. Nennen Sie die drei Grundsätze ordnungsgemäßer Lagerhaltung.

____

____

2. Nennen Sie drei Vorteile eines sauberen Lagers.

3. Nennen Sie zwei Maßnahmen, die der Übersichtlichkeit im Lager dienen.

4. Welche Bedeutung haben Hinweisschilder z. B. im Lagerbereich?

Hinweisschild

5. Nennen Sie fünf typische Lagerzonen, die mit Hinweisschildern versehen werden können.

1.
2.
3.
4.
5.
6.

6. Vor welchen Gefahren müssen die folgenden Güter geschützt werden? Ergänzen Sie hierzu folgende Tabelle.

Eingelagerte Ware	Gefahren für die eingelagerte Ware
Frischobst	
Eis	
Laptops	
T-Shirts mit Aufdruck	
Druckerpapier	
Weizen	

7. Nachfolgend sind Lagerbereiche beschrieben, die fachsprachlich gekennzeichnet werden müssen.

Fachsprachliche Bezeichnung des Lagerbereiches	Beschreibung des Lagerbereiches
	Hier werden die Kundenaufträge zusammengestellt.
	Die Ware wird hier zur Abholung bereitgestellt und auf entsprechende Transportmittel verladen.
	Lager- und Bewegungsprozesse werden hier gesteuert und kontrolliert.
	Der Auftrag wird zu einer beförderungssicheren Einheit verpackt und evtl. gekennzeichnet.
	Hier erfolgen das Abladen der Ware, die Warenerfassung, die Annahme der Ware, die Wareneingangskontrolle und die Vorbereitung der Ware für die Einlagerung.
	Dieser Bereich dient z. B. der Zeitüberbrückung, der Sicherung der Lieferbereitschaft oder der Veredelung.

Arbeitsblatt 3: Unterscheidung nach der Betriebsart

1. Sortieren Sie die Begriffe Industriebetrieb, Großhandel, Einzelhandel und Spedition den nachfolgenden Beschreibungen sachgerecht zu.

Begriffe	Beschreibungen
	Verkauft Waren in großen Mengen an den Einzelhändler.
	Ist mit der Produktion von Gütern beauftragt.
	Ein Dienstleister, der die Versendung von Waren mit Verkehrsträgern oder Frachtführern organisiert.
	Verkauft die Ware direkt an den Endverbraucher.

2. Sortieren Sie die nachfolgend aufgeführten Lagerarten den Lagebeschreibungen zu: Zwischenlager, Auslieferungslager, Betriebsstofflager, Ersatzteillager, Fertigwarenlager, Handlager, Kommissionslager, Packmittellager, Reservelager, Rohstofflager, Umschlaglager, Verkaufslager, Büromateriallager.

Lagerbeschreibungen	Lagerarten
Hier werden Stoffe gelagert, die im Fertigungsprozess als Hauptbestandteile in das Erzeugnis eingehen, wie z. B. Holz in der Holzindustrie.	
Hier werden Stoffe gelagert, die nicht direkt in das zu fertigende Produkt eingehen, aber den Produktionsprozess unterstützen, wie z. B. Schmieröle und Fette.	
Wenn Produkte mehrere Fertigungsstufen durchlaufen und eine zwischenzeitliche Lagerung notwendig wird, werden sie hier gelagert.	
Können die hergestellten Endprodukte nicht sofort verkauft werden, lagert man sie vorübergehend hier ein.	
Hier werden Kartons, Collicos, Holzkisten und andere bedeutsame Packmittel aufbewahrt.	
Hier lagern vornehmlich Teile z. B. für Reparaturen oder Wartungsarbeiten.	
Hier werden für die Verwaltung Kopierpapier, Druckerpatronen und Schreibgeräte gelagert.	
Diese Lager werden in der Regel bei den Kunden eingerichtet, um die Lieferzeiten und Transportkosten zu reduzieren.	
Hierbei stellt der Lieferant seinem Kunden auf eigene Kosten Ware zur Verfügung. Die Ware bleibt Eigentum des Lieferanten, lagert aber beim Kunden. Die Kapitalbindung verringert sich.	
Dies ist der Verkaufsraum, in dem die Ware dem Kunden zum Verkauf angeboten wird.	
Dies ist ein kleines Lager in direkter Nähe zum Arbeitsplatz, in dem häufig benötigtes Kleinmaterial (Schrauben, Dübel, Nieten usw.) gelagert wird.	
Dieses Lager schützt vor Lieferengpässen im Warenfluss.	
Hier werden Güter sortiert, umverteilt und oft direkt wieder weiterverladen.	

Arbeitsblatt 4: Unterscheidung nach dem Lagerstandort

Unter einem Zentrallagerkonzept wird verstanden, dass ein Unternehmen ein zentrales Lager (z. B. in der geografischen Mitte Deutschlands) betreibt, von dem aus alle Kunden beliefert werden.

1. Führen Sie drei Vorteile dieses Konzeptes auf.

____

____

____

____

2. Dezentrale Lager haben sowohl Vor- als auch Nachteile. Begründen Sie dies.

3. Das abgebildete Zentrallager befindet sich in Hamburg. Führen Sie vier Vorteile auf, die der Standort Hamburg bezüglich seiner Verkehrsinfrastruktur besitzt.

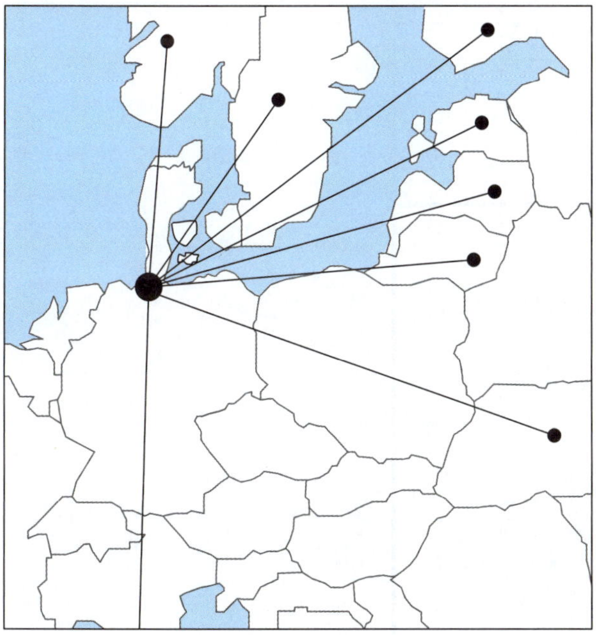

Arbeitsblatt 5: Unterscheidung nach der Bauweise

1. Wodurch unterscheiden sich offene, halboffene und geschlossene Lager baulich? Ergänzen Sie nachfolgende Tabelle in den freien Feldern.

Lagerart	Beschreibung der Lagerart	Beispiele
offenes Lager	ein Lager im Freien mit evtl. einer Umzäunung	
halboffenes Lager		

2. Berechnen Sie den Zaunumfang in m des abgebildeten Lagers (dicke schwarze Linie). Ein quadratisches Kästchen hat eine Seitenlänge von 1 m.

3. Berechnen Sie die Fläche in m² des abgebildeten offenen Lagers.

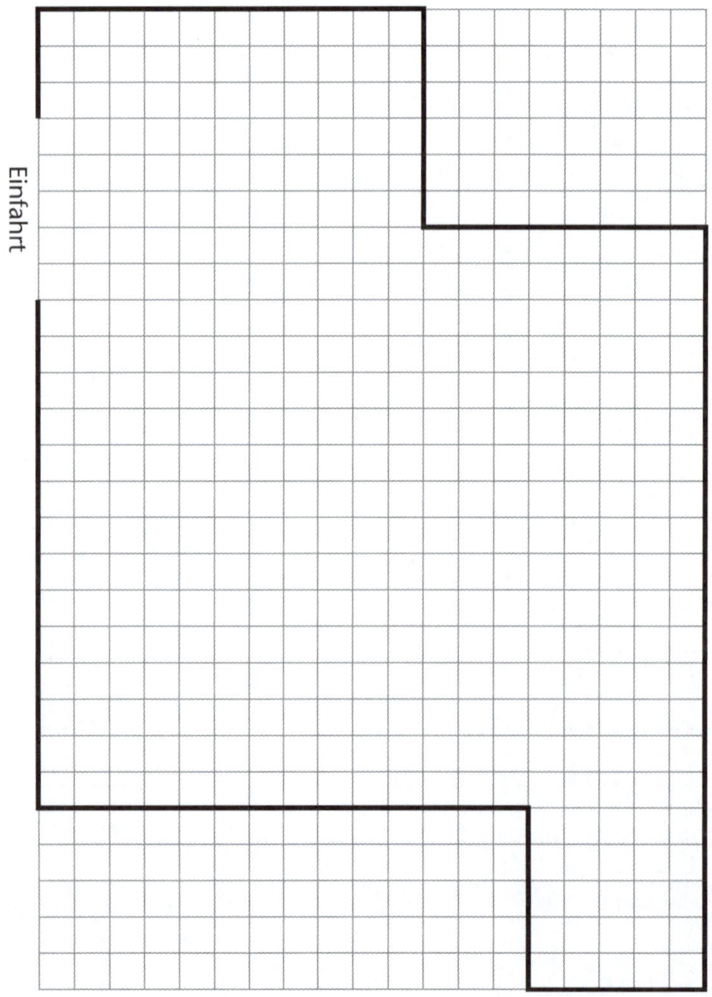

Lagerskizze

4. Ordnen Sie die Bauhöhen ≤ 7 m, 7–12 m und ≤ 50 m sowie die Begriffe Flachlager, Hochflachlager und Hochregallager sachgerecht einander zu.

Bezeichnung	Beschreibung	Bauhöhe
	eingeschossiges Lager	
	Lager mit einer Bauhöhe von über 12 m	
	eingeschossiges Lager	

Hochregal

Arbeitsblatt 6: Eigenlagerung – Fremdlagerung

1. Erklären Sie den Begriff Eigenlagerung.

2. Erklären Sie den Begriff Fremdlagerung.

3. Kreuzen Sie die Vor- und Nachteile der Eigen- und Fremdlagerung in nachfolgender Tabelle sachgerecht an.

Vor- und Nachteile	Eigenlagerung	Fremdlagerung
bessere Kontrolle des Lagerbestandes	X	
höhere Kosten bei großen Lagerbeständen		
geringere Kosten bei kleinen Lagerbeständen		
Speziallager		
geringe Kosten bei hohen Lagerbeständen		
ständiger Zugriff auf die gelagerte Ware		
keine Investitionskosten		

4. Es werden drei Arten der Fremdlagerung unterschieden. Erklären Sie diese.

Arten der Fremdlagerung		
Trennungslagerung	Sammellagerung	Mietlagerung

5. Wie nennt sich der Fachbegriff für das Auslagern von Dienstleistungen?

___

6. Ein Lagerschein wird auch als Warenwertpapier bezeichnet. Erklären Sie dies.

___
___
___
___
___
___
___
___
___

Arbeitsblatt 7: Gesetzliche Grundlagen bei der gewerblichen Einlagerung

1. Welches Gesetzbuch regelt die Rechte und Pflichten eines Lagerhalters?

___

2. Definieren Sie den Begriff Lagerhalter.

____

____

3. Nennen Sie drei Rechte und drei Pflichten eines Lagerhalters.

Rechte des Lagerhalters	Pflichten des Lagerhalters

4. Es werden drei Arten von Lagerscheinen unterschieden: Orderlagerschein, Namenslagerschein und Inhaberlagerschein. Sortieren Sie die Arten der Lagerscheine den Erklärungen sachgerecht zu.

Arten der Lagerscheine		
Das Lagergut wird nur an die im Lagerschein **namentlich** erwähnte Person ausgehändigt.	Das Lagergut wird an den jeweiligen **Inhaber** des Lagerscheins ausgehändigt.	Der Lagerschein kann durch einen Übertragungsvermerk (Indossament) auf eine andere Person **übertragen** werden.

Arbeitsblatt 8: Kostenvergleich bei der Eigenlagerung und der Fremdlagerung

1. Ermitteln Sie zeichnerisch mithilfe der Daten aus nachfolgender Tabelle den Verlauf des Fremdbezuges, der Eigenherstellung und der Fixkosten.

	Kosten der Eigenlagerung			
Menge	**Fixkosten**	**variable Kosten**	**Gesamtkosten Eigenlagerung**	**Fremdlagerung**
10 Stück	2 000,00 EUR	200,00 EUR	2 200,00 EUR	400,00 EUR
50 Stück	2 000,00 EUR	1 000,00 EUR	3 000,00 EUR	2 000,00 EUR
100 Stück	2 000,00 EUR	2 000,00 EUR	4 000,00 EUR	4 000,00 EUR
150 Stück	2 000,00 EUR	3 000,00 EUR	5 000,00 EUR	6 000,00 EUR

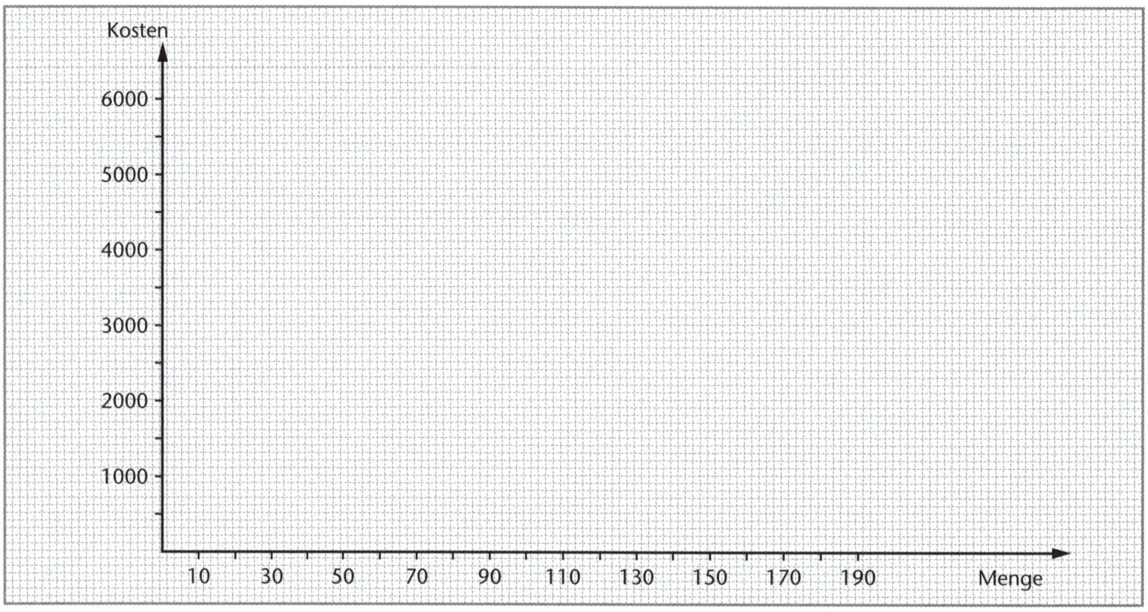

2. Berechnen Sie die Menge, bei der Eigen- und Fremdlagerung gleich viel kosten. Daten: Fixkosten 2 000 EUR; variable Kosten der Eigenlagerung 20 EUR; Fremdlagerung 40 EUR.

Arbeitsblatt 9: Bodenlagerung

1. Erklären Sie die Bodenlagerung.

2. Führen Sie zwei Vor- und zwei Nachteile der Bodenlagerung im Block auf.

Vorteile:

Nachteile:

3. Wie viele Paletten können in Bodenlagerung dreilagig gestapelt werden, wenn das Lager ein Innenmaß von 5,86 m Länge und 2,34 m Breite besitzt?

4. Wie viele Paletten können zweilagig gestapelt in Bodenlagerung gelagert werden, wenn das Lager eine Länge von 5,86 m Länge und 2,44 m Breite hat?

5. Wovon ist die maximale Stapelhöhe bei der Bodenlagerung abhängig?

-
-
-
-
-

Arbeitsblatt 10: Blocklagerung oder Reihenlagerung

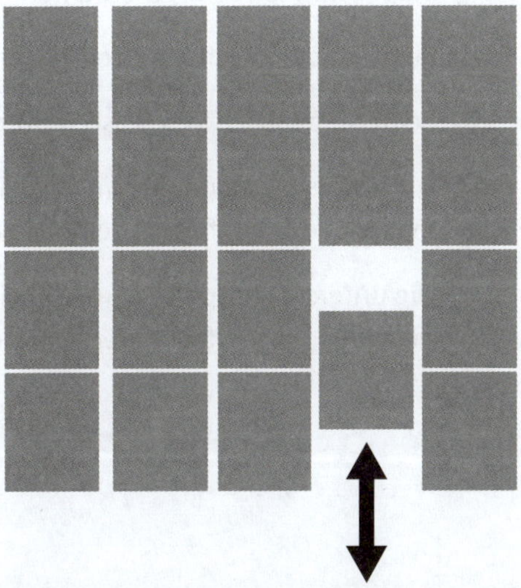

1. Wie nennt man die abgebildete Lagertechnik? Kreuzen Sie die richtige Antwort an.

Reihenlagerung ☐

Blocklagerung ☐

Querlagerung ☐

2. Welchen Vor- und Nachteil hat die auf der vorherigen Seite abgebildete Art der Lagerung?

Vorteil: ______________________________

Nachteil: ______________________________

3. Welchen Vor- und Nachteil hat die rechts abgebildete Art der Lagerung?

Vorteil: ______________________________

____

Nachteil: ______________________________

____

____

____

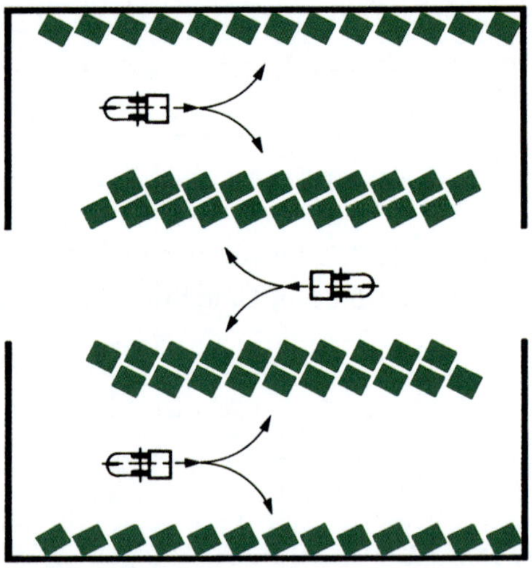

Reihenlagerung mit schrägem Zugriff

Arbeitsblatt 11: Sicherheitsvorschriften bei der Bodenlagerung

1. Nachfolgend sind Sicherheitsvorschriften aufgeführt. Kreuzen Sie die sechs richtigen Sicherheitsvorschriften an.

a) Stapel dürfen vielfach auf unebenem Boden errichtet werden. ☐

b) Stapel dürfen nur auf ebenem Untergrund errichtet werden. ☐

c) Gitterboxen dürfen höchstens fünffach gestapelt werden. ☐

d) Gitterboxen dürfen höchstens sechsfach gestapelt werden. ☐

e) Die Schlankheit von Stapeln, also das Verhältnis der Höhe zur Schmalseite der Grundfläche, darf nicht größer als 6:1 sein. ☐

f) Die Schlankheit von Stapeln darf nicht größer als 5:1 sein. ☐

g) Stapel sind lotrecht zu errichten (maximal 3 % Neigung). ☐

h) Stapel sind lotrecht zu errichten (maximal 2 % Neigung). ☐

i) Beim Stapeln leichte Lasten unten und schwere Lasten oben lagern. ☐

j) Beim Stapeln schwere Lasten unten und leichte Lasten oben lagern. ☐

k) Die unterste Europalette im Stapel darf bei vollflächiger, ebener und horizontaler Auflage maximal das Fünffache der zulässigen eigenen Palettenlast aufnehmen. ☐

l) Die unterste Europalette im Stapel darf bei vollflächiger, ebener und horizontaler Auflage maximal das Vierfache der zulässigen eigenen Palettenlast aufnehmen. ☐

Arbeitsblatt 12: Die Lagereinrichtung – Regale

1. Lösen Sie das Kreuzworträtsel zum Thema Regalarten.

1 Regal mit separater Ein- und Auslagerung von hintereinander liegendem Ladegut, das sich durch Schwerkraft oder mittels Antriebselementen zum Auslagerungspunkt bewegt.

2 Regal, das sich aus Rahmen und eingehängten Fachböden zusammensetzt.

3 Bei diesem Regalsystem werden die Vorteile der Regallagerung und der Blockstapelung verbunden.

4 Regal zur Lagerung von palettierten Gütern. Diese Regale enthalten meist keine Böden, sondern Auflageträger.

5 Dieses Regal besteht aus einem Ständer mit zu einer Seite oder beiden Seiten herausragenden Metallarmen.

6 Regal zur Lagerung von Langgut. Die Waren werden von der Stirnseite des Regals eingebracht.

7 Bewegliche Regalanlage. Die Beschickungs- und Entnahmestation liegt an einer festen Stelle.

8 Über Lauf- und Führungsschienen können Regale samt dem Lagergut bewegt werden.

9 Regale mit bis zu 10 m Höhe. Die Ein- und Auslagerung wird über ein Kettenhubgerät gesteuert.

10 Die palettierten Ladeeinheiten werden auf Rollbahnen mit einer Neigung von bis zu 5 % gelagert. Das Ein- und Auslagern erfolgt von derselben Regalseite.

11 Regale mit Bauhöhen von bis zu 45 m. Die Bedienung erfolgt in der Regel über automatische Regalbediengeräte.

1												9		
2													10	
3			3											
4		2												
5	1										5			
6														
7									4					
8			6											
9														
10	7													
11							8							

Lösungswort:

1	2	3	4	5	6	7	8	9	10

2. Sortieren Sie die nachfolgenden Regalbezeichnungen sachgerecht den Abbildungen zu: Paternosterregal, Einschubregal, Kragarmregal, Einfahrregal, Hochregal, Fachbodenregal, Durchlaufregal, Palettenregal, Wabenregal, Karussellregal, Turmregal, Verschieberegal.

A	B	C
	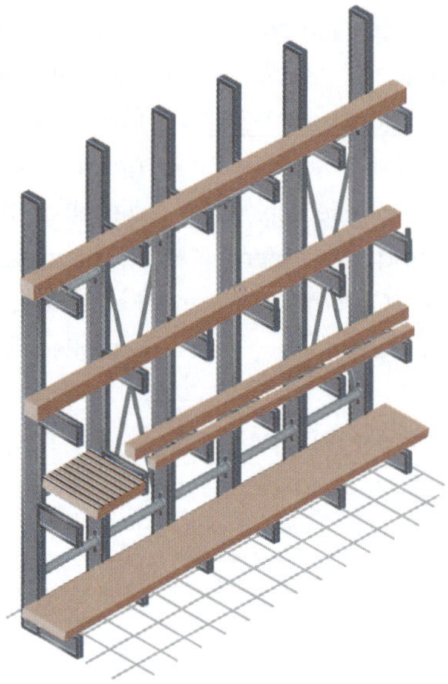	
D	E	F
	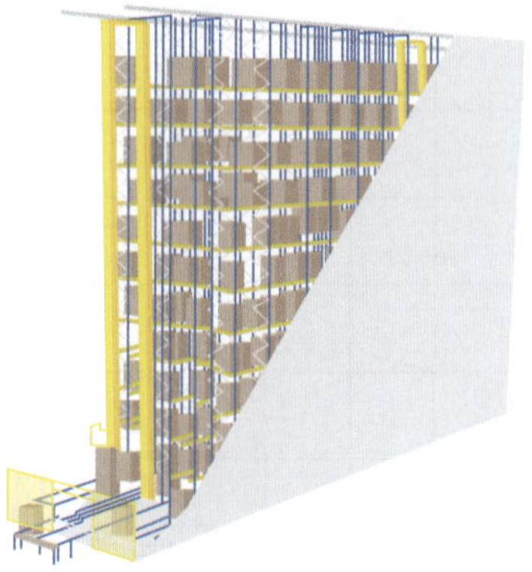	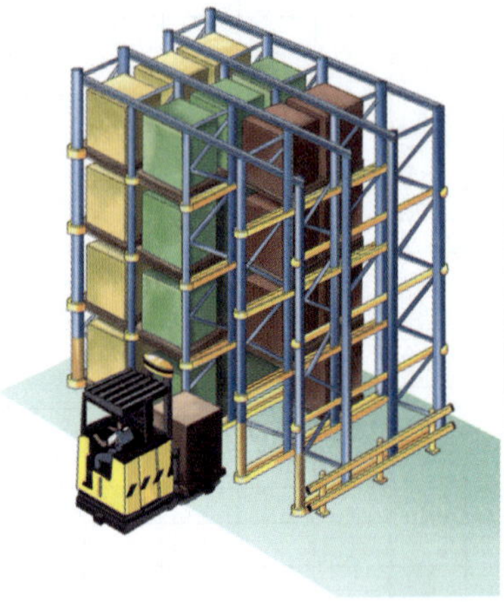

G	H	I

J	K	L
	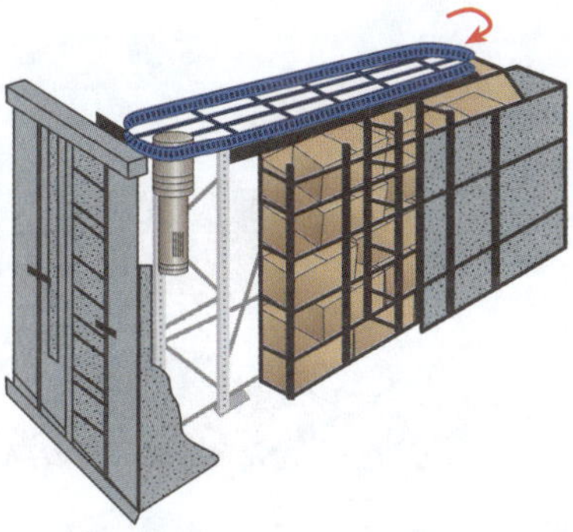	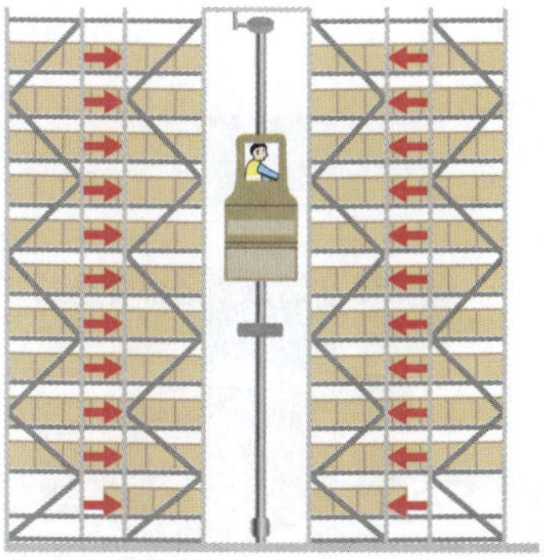

3. Ein **Fachbodenregal** besteht aus fünf Fachböden.

Fachbodenregal

a) Wie hoch ist die Feldlast, wenn die Fachlast von 125 kg je Fachboden voll ausgenutzt wird?

b) Die maximale Feldlast beträgt 875 kg. Wie viele Fachböden können zusätzlich montiert werden?

4. Welche „Antriebsart“ bzw. „Antriebskraft“ sorgt in den abgebildeten **Durchlaufregalen** mit Rollenbahnen für ein Nachrücken der Ware an den Regalanfang?

Durchlaufregal 1

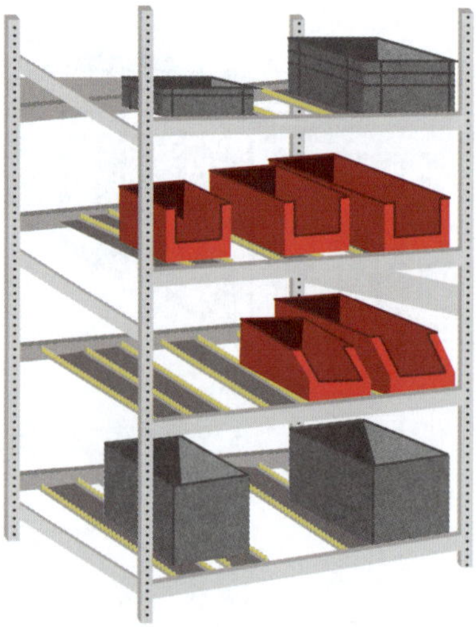

Durchlaufregal 2

5. Nachfolgend sind drei **Kragarmregale** abgebildet. Dabei handelt es sich um ein einseitiges Kragarmregal, ein zweiseitiges Kragarmregal und ein einseitiges Kragarmregal mit Rohrkragarmen. Benennen Sie die Kragarmregale fachgerecht.

a)

b) ____

c) ____

6. Die Berufsgenossenschaft stellt an die Beschaffenheit von Kragarmregalen eine konkrete Anforderung.

a) Wie lautet diese Anforderung?

____

____

____

____

____

____

b) Was bezweckt die Berufsgenossenschaft mit dieser Forderung?

____

____

____

____

____

7. **Verschieberegale** gehören zu den variablen Regalanlagen.

a) Verschieberegale sind u.a. einzusetzen als Fachboden-, Kragarm- oder Palettenregale. Ordnen Sie diese drei Begriffe den Abbildungen zu.

____

____

____

b) Nennen Sie drei Antriebsarten, um die Regale zu verschieben.

- ____
- ____
- ____

c) Stellen Sie die Vor- und Nachteile von Verschieberegalen gegenüber.

Verschieberegale	
Vorteile	**Nachteile**

d) Ein Verschieberegal hat einen Flächenbedarf von 120 m². Für dieselbe einzulagernde Warenmenge benötigt ein Fachbodenregal 360 m².

- Wie viel m² mehr Fläche ist für das Fachbodenregal erforderlich?

- Wie viel % mehr Fläche ist für das Fachbodenregal erforderlich?

8. Hochregallager haben einen zentralen Punkt, um die Abmessungen der einzulagernden Güter zu kontrollieren.

Hochregallager

a) Wie nennt man diese Art der Kontrolle?

____

b) Erklären Sie, welche Vorteile diese Kontrolle hat.

____

____

____

c) Erklären Sie den Begriff „Doppelspiel".

9.

Durchlaufregal	Einschubregal
	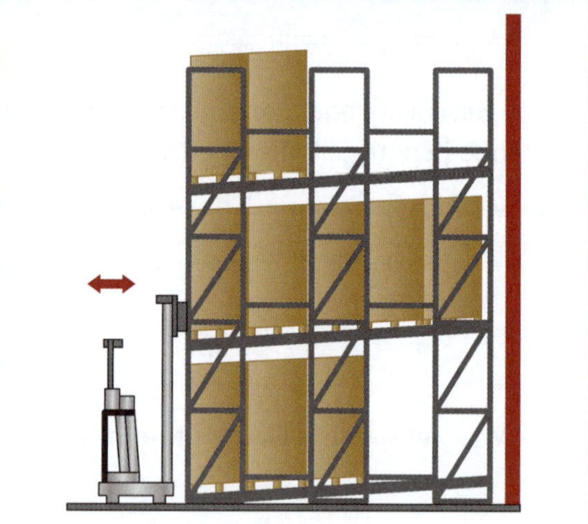

a) Nennen Sie drei Vorteile von Durchlaufregalen.

b) Nennen Sie drei Nachteile von Einschubregalen.

Arbeitsblatt 13: Organisation der Einlagerung

Situation

In einem Lager benutzt man verschiedene Einlagerungssysteme. Im Kommissionierbereich sind feste Lagerplätze vergeben. Im Vorratsbereich sind die Lagerplätze nach dem Freiplatzsystem organisiert. Die Kommissionierung erfolgt mit Beleg.

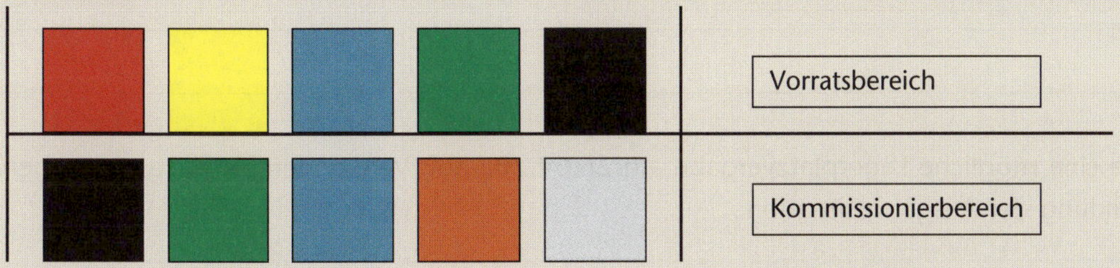

Lagerplatzvergabe am 24.09.20..

1. Listen Sie die Vor- und Nachteile des Festplatzsystems und des Freiplatzsystems auf.

	Festplatzsystem	Freiplatzsystem
Vorteile	▪ ___ ▪ ___ ▪ ___	▪ ___ ▪ ___ ▪ ___
Nachteile	▪ ___ ▪ ___ ▪ ___	▪ ___ ▪ ___ ▪ ___

2. Erklären Sie, warum man die Lagerplätze im Kommissionierbereich nach dem genannten Prinzip vergeben hat.

3. Zeichnen Sie eine mögliche Lagerplatzvergabe am 26.09.20.. auf. Verwenden Sie dazu die Farben aus der Abbildung der Ausgangssituation.

Arbeitsblatt 14: Nutzungsgrade eines Lagers

Situation

Ein Lagergebäude der Länge 45 m, der Breite 15 m und der Höhe 8 m soll für die Lagerung von Getränken eingerichtet werden. Ein Teil der Getränke wird in Bodenlagerung, ein anderer Teil in Palettenregalen eingelagert. Alle Getränke werden auf Euroflachpaletten angeliefert und eingelagert.

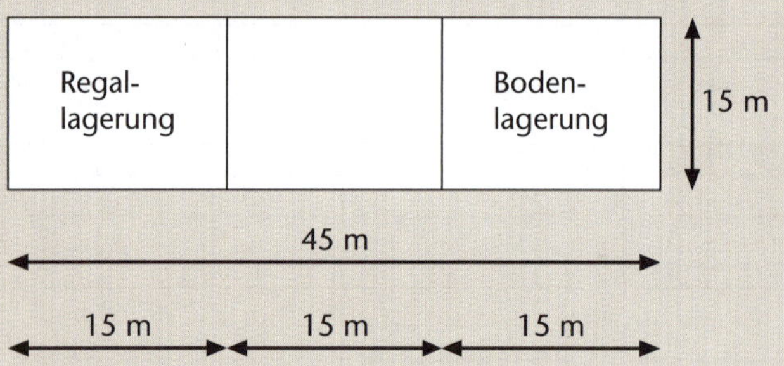

Grundriss des Lagers

1. Berechnen Sie die Gesamtfläche und das Gesamtvolumen des Lagers.

2. Berechnen Sie die genutzte Fläche und das genutzte Volumen bei der Blocklagerung, wenn zehn Blöcke mit je elf Paletten dreifach gestapelt gelagert werden. Die Höhe einer Palette beträgt 2,20 m. In einem Block lagern 33 Paletten.

3. Berechnen Sie die Stellfläche der Regale, wenn drei Regale mit einer Länge von 15 m und einer Breite von 2,50 m aufgestellt sind. Berechnen Sie den genutzten Lagerraum, wenn die Regale 7,50 m hoch sind.

4. Berechnen Sie den Flächennutzungsgrad für das gesamte Lagergebäude.

5. Berechnen Sie den Raumnutzungsgrad für das gesamte Lagergebäude.

Arbeitsblatt 15: Gesetze und Verordnungen zum Arbeits- und Umweltschutz

Ergänzen Sie die wichtigsten Angaben aus den Gesetzen zum Arbeits- und Umweltschutz.

1. Arbeitsschutzgesetz: Ergänzen Sie in der Tabelle die wesentlichen Pflichten des Arbeitgebers und des Arbeitnehmers.

Pflichten des Arbeitgebers	Pflichten des Arbeitnehmers
▪ ______ ______ ______ ▪ ______ ______ ▪ ______ ______ ▪ ______ ______ ______	▪ ______ ______ ______ ▪ ______ ______ ______ ▪ ______ ______ ______ ______

2. Arbeitsstättenverordnung: Ergänzen Sie die folgenden Sätze.

Arbeitsstätten sind so einzurichten und zu betreiben, dass von ihnen ______ ______ der Beschäftigten ausgehen. Die Arbeitsstättenverordnung umfasst ______ von Arbeitsräumen, Sozialräumen und Verkehrswegen.

3. Geräte- und Produktsicherheitsgesetz: Wozu sind Händler, Hersteller und Importeure von Arbeitsmitteln grundsätzlich verpflichtet, wenn diese in Verkehr gebracht werden sollen?

______
______
______

4. Berufsgenossenschaftliche Regeln: Ergänzen Sie den folgenden Satz.

Die BGR 234 regeln ______
______ z. B. ______
______
______
______

5. Bundes-Immissionsschutzgesetz:

a) Tragen Sie in der Tabelle die Bedeutung der Begriffe Emission und Immission ein.
b) Nennen Sie drei Beispiele für Emissionen und die sich daraus ergebenden Folgen (Immissionen).

Emission	Immission
______________________	______________________
______________________	______________________
______________________	______________________
______________________	______________________
Beispiele:	Folgen:
▪ ______________________	▪ ______________________
______________________	______________________
▪ ______________________	▪ ______________________
______________________	______________________
▪ ______________________	▪ ______________________
______________________	______________________

6. Wasserhaushaltsgesetz: Worauf muss Ihr Unternehmen im Sinne des Gesetzes beim Umgang mit wassergefährdenden Stoffen achten?

- ______________________
- ______________________
- ______________________

____

Arbeitsblatt 16: Gefahrstoffverordnung

1. In Ihrem Betrieb sollen in Zukunft Gefahrstoffe gelagert und umgefüllt werden.

Welcher gesetzlichen Vorschrift unterliegen diese Tätigkeiten?

____

____

2. Wozu ist der Arbeitgeber vor der Aufnahme der Tätigkeiten mit Gefahrstoffen verpflichtet?

____

____

3. Welche Personen dürfen diese Beurteilung durchführen?

____

____

4. Welche Pflichten hat der Arbeitgeber einzuhalten, um die Beschäftigten vor gesundheitlichen Gefahren beim Umgang mit Gefahrstoffen zu schützen?

- ____
- ____
- ____
- ____
- ____

5. Welcher Grundsatz ist hinsichtlich der Verwechslung bei der Auswahl einer Verpackung zum Abfüllen von Gefahrstoffen unbedingt zu beachten?

____

____

____

6. Gefahrstoffe sind nach dem GHS-System mit Symbolen zu kennzeichnen.

   a) Tragen Sie die Bedeutung der Symbole und die offizielle Benennung nach GHS-Verordnung in die Tabelle ein.
   b) Ordnen Sie den Symbolen die folgenden Gefahren und Vorsorgemaßnahmen zu, indem Sie die entsprechenden Eintragungen ergänzen.

Gefahren
- Zerstörung lebenden Gewebes bei Kontakt mit Chemikalien, Metalle werden zerstört
- Stoffe sind entzündbar, Flüssigkeiten bilden mit der Luft explosionsfähige Mischungen
- gesundheitliche Schäden, Substanzen reizen Augen, Haut oder Atemwegsorgane

Vorsorgemaßnahmen
- Kontakt vermeiden, Schutzbrille und Handschuhe tragen
- bei Hautreizungen oder Augenkontakt mit Wasser oder geeignetem Mittel spülen
- von offenen Flammen und Wärmequellen fernhalten
- Wärmeentwicklung vermeiden, nicht reiben oder stoßen

Piktogramm/Symbol	offizielle Bezeichnung nach GHS-Verordnung	Gefahr	Vorsorgemaßnahmen
 explosiv		Explosionsgefahr durch Feuer, Schlag, Reibung, Erwärmung	

Arbeitsblatt 17: Brandgefahr und Diebstahlgefahr

Situation

Durch Schweißarbeiten an einem defekten Regal entsteht ein Schwelbrand an eingelagerten Verpackungsmaterialien aus Papier. Noch bevor sich der Brand ausbreiten kann, wird durch die starke Rauchentwicklung automatisch Feueralarm ausgelöst. Durch umsichtiges Handeln kann der Brand mit den im Lager befindlichen Handfeuerlöschern bekämpft werden.

1. Welche Bedingungen treffen zusammen, damit das Feuer entstehen kann?

___

___

2. Durch welche automatische Feuermeldeeinrichtung wird die Alarmierung ausgelöst?

___

___

3. Welche Feuermeldeeinrichtung dient der manuellen Alarmierung?

___

___

4. Begründen Sie, ob dieser Feuerlöscher mit der abgebildeten Kennzeichnung für die Brandbekämpfung in der geschilderten Situation eingesetzt werden darf.

___

___

5. Nach welcher Verhaltensregel verfahren Sie, wenn Sie einen Brand entdecken?

1.	→	2.	→	3.
______		______		______
______		______		______
______		______		______

6. Tragen Sie im Tabellenkopf die Oberbegriffe der Sicherungsmaßnahmen zum Schutz von Gütern, Werkzeugen und Lagereinrichtungen gegen Diebstahl ein. Ordnen Sie den Sicherungsmaßnahmen je drei Beispiele zu.

______ Maßnahmen	______ Maßnahmen	Sicherungsmaßnahmen ______
______	______	______
______	______	______
______	______	______
______	______	______
______	______	______

7. Welche arbeitsrechtlichen und strafrechtlichen Folgen kann Diebstahl in einem Lager für den Täter haben?

____

____

8. In Ihrem Betrieb sind hochwertige Geräte einzulagern. Sie erhalten die Anweisung, die neutralen Umverpackungen erst bei der Auslagerung der Geräte zu entfernen. Erläutern Sie, wie diese Maßnahme zum Diebstahlschutz beiträgt.

____

____

____

____

____

Lernfeld 3

Güter im Betrieb bearbeiten

Arbeitsblatt 1: Welche Güterarten gibt es?

1. Ein Betrieb ist eine örtliche, technische und organisatorische Einheit zum Zwecke der Erstellung von Gütern. Nennen Sie die Betriebsarten, die unterschieden werden.

2. Ordnen Sie den folgenden Beispielen die richtige Betriebsart zu:

Beispiel	Betriebsart
Anwaltskanzlei Meier	
Windkraftanlagenhersteller	
Umzüge und Möbellagerung Albers	
Möbelmarkt 2020	
Möbelwerkstatt	
Hundepension	
Drogeriemarkt	
Müller Metallbau Schlosserei-Edelstahlverarbeitung	
Hofladen mit Produkten aus eigenem Anbau	

3. Als Gut bezeichnet man alle Mittel, die der Bedürfnisbefriedigung dienen. Güter unterteilen sich in freie und wirtschaftliche Güter. Unterscheiden Sie die freien Güter von den wirtschaftlichen Gütern.

4. Die wirtschaftlichen Güter lassen sich in immaterielle und materielle Güter unterscheiden. Nennen Sie jeweils drei Beispiele für immaterielle und materielle Güter.

Arbeitsblatt 2: Kontrolle der Güter auf Qualität

1. Die Güterpflege im Lager hängt einerseits von der Betriebsart und andererseits von der Güterart ab. Die Güterpflege beinhaltet die Kontrolle der Güter auf Qualität und Quantität.

a) Unterscheiden Sie die Begriffe Qualität und Quantität voneinander.

b) Was versteht man unter qualitativer Güterpflege?

c) Warum ist die qualitative Güterpflege wichtig?

2. Jeder kennt es, jeder schaut regelmäßig darauf – und jeder ärgert sich darüber, wenn es abgelaufen ist: das Mindesthaltbarkeitsdatum (MHD). Begründen Sie, warum viele Lebensmittel nach Ablauf des Mindesthaltbarkeitsdatums verzehrt werden können.

3. Um die Qualität der Güter während ihrer Lagerung erhalten zu können, ist es notwendig, die Eigenschaften der Güter und die Pflegevorschriften, aber auch die Gefahrenquellen und ihre Folgen zu kennen. Was gehört zusammen?

	Gefahrenquelle
1	Druck
2	Erschütterungen
3	Hitze
4	Kälte
5	Feuchtigkeit
6	Trockenheit
7	Lichteinwirkungen
8	Staub
9	Lebewesen

Folgeschäden	Lösung
Ausbleichen von Textilien	
Druckstellen an Obst	
Rosten von Metallen	
Schmelzen von Schokolade	
Anfressen von Lebensmitteln	
Verderben von Gemüse	
Verdunsten von Flüssigkeiten	
Bruch bei Glas	
Verschmutzen von Gütern	

4. Um die Güter vor Gefahrenquellen zu schützen, müssen Pflegemaßnahmen im Lager durchgeführt werden. Lösen Sie das Kreuzworträtsel, indem Sie die richtigen Begriffe zu den Beschreibungen finden.

1 Sie bewirkt ein Ausbleichen von Textilien.
2 Die Qualität bezeichnet die ... bzw. Güte eines Gutes.
3 Das Vergleichen der Artikelbezeichnung und -nummer sind Arbeitsschritte, die zum Vergleich der ... gehören.
4 Sie kann mit einem Hygrometer gemessen werden.
5 Lebensmittel dürfen jetzt nicht mehr verzehrt werden.
6 Die Gewähr des Herstellers für das Produkt läuft ab.
7 In Kühlräumen sollte sie maximal 7 °C betragen.
8 Die ... (Fifo, Lifo und Hifo) sind einzuhalten.
9 Sie ermöglicht einen Sauerstoffaustausch.

ä, ü und ö bleiben; ß wird zu ss

Arbeitsblatt 3: Kontrolle der Güter auf Quantität

1. Was versteht man unter Inventur?

____

____

____

____

2. Nennen Sie die vier Inventurarten.

____

____

____

3. Die körperliche Bestandsaufnahme kann in einem Betrieb auf unterschiedliche Art und Weise erfolgen.

a) Bestimmen Sie für jede der in der unten stehenden Situation genannten Personen die durchgeführte Inventurart. Begründen Sie ihre Entscheidung.

Mark, Hanna, Leo und Frank befinden sich in der Ausbildung zur Fachkraft für Lagerlogistik. Heute haben sie Berufsschule. Sie sitzen in der Pausenhalle und unterhalten sich.

Hanna: Morgen bin ich wieder für die Inventur der Warengruppe I zuständig.
Mark: Morgen Inventur? Wir haben doch erst August. Wieso führt ihr denn jetzt schon eine Inventur durch?
Hanna: Also wir führen das ganze Jahr über Inventuren zu verschiedenen Warengruppen durch.
Mark: In meinem Ausbildungsbetrieb findet die Inventur immer erst zum Ende des Jahres statt. Dann darf keiner Urlaub nehmen und das Geschäft wird sogar geschlossen.
Leo: Mein Ausbilder hat mir gesagt, dass wir die Inventur bei bestimmten Gütern ab dem 2. Oktober durchführen werden und bei anderen Gütern erst Ende Januar bis Ende Februar. Warum, weiß ich allerdings auch nicht.
Frank: Bei uns führen wir die Inventur mithilfe von mathematischen Verfahren durch.
Mark: Also jetzt verstehe ich gar nichts mehr. Ich dachte immer, eine Inventur kann nur am Ende des Jahres durch Zählen, Messen und Wiegen erfolgen?

	Inventurart	Begründung
Hanna		
Mark		
Leo		
Frank		

b) Ordnen Sie den Beschreibungen je eine Inventurart zu. Jede Inventurart kommt zweimal vor.

Der Bestand der Vermögensgegenstände wird mithilfe anerkannter mathematisch-statistischer Methoden aufgrund von Stichproben ermittelt.	
Die körperliche Bestandsaufnahme erfolgt zu einem beliebigen Zeitpunkt.	

Die Bestandsaufnahme aller Vermögenswerte und Schulden erfolgt zu einem bestimmten Zeitpunkt (= Stichtag). Da eine Inventur selten an einem Tag zu bewältigen ist, gesteht die Einkommensrichtlinie eine zeitnahe Inventur zu, wobei unter zeitnah rund zehn Tage zu verstehen sind.	
Die Erfassung aller Vermögenswerte und Schulden des gesamten Geschäftsjahres erfolgt fortlaufend, d. h., die Inventur kann zu verschiedenen Zeitpunkten während eines Geschäftsjahres für die einzelnen Vermögensgruppen durchgeführt werden.	
Bei ihr muss die Inventur innerhalb der letzten drei Monate vor bzw. zwei Monate nach dem Geschäftjahresende durchgeführt werden. Danach sind sämtliche Fortschreibungen auf den Stichtag fortzuschreiben bzw. zurückzurechnen.	
Aufgrund von Stichproben werden die Bestände errechnet.	
Die Inventur erfolgt zwischen dem 1. Oktober und dem 28. bzw. 29. Februar.	
Die Inventur wird zwischen dem 21. Dezember und dem 10. Januar vorgenommen.	

4. Bei zwei verlegten Inventuren gab es folgende Werte:

a) Ermitteln Sie den jeweiligen Stichtagswert zum 31.12. bei der verlegten Inventur am 11.10.

Wertabgänge 11.10. – 31.12.	2 560 000,00 EUR
Bestandswert am Zähltag 11.10.	1 200 000,00 EUR
Wertzugänge 11.10. – 31.12.	1 480 000,00 EUR

b) Ermitteln Sie den jeweiligen Stichtagswert zum 31.12. bei der verlegten Inventur am 25.02.

Wertabgänge 31.12. – 25.02.	960 000,00 EUR
Wertzugänge 31.12. – 25.02.	490 000,00 EUR
Bestandswert am Zähltag 25.02.	1 400 000,00 EUR

5. Lösen Sie das Rätsel. Das Lösungswort von oben nach unten gelesen bezeichnet den 31. Dezember. An diesem Tag endet laut HGB (Handelsgesetzbuch) das Geschäftsjahr.

1 Verkauf oder Verbrauch von Gütern
2 jährliche Bestandsaufnahme
3 Ursachen hierfür sind z. B. Diebstahl, Schwund und Gewichtsverlust, falsche Einlagerungen
4 Bei dieser Inventur wird die körperliche Bestandsaufnahme auf das Geschäftsjahr verteilt. Es handelt sich um die … Inventur.
5 Dieser Bestand wird auch als Buchbestand bezeichnet.
6 Einkauf von Gütern
7 Wertsteigerungen dürfen nicht berücksichtigt werden.
8 tatsächlicher Bestand
9 Unter der … versteht man die Güte und die Beschaffenheit von Gütern.
10 Die … Bestandsaufnahme erfolgt durch Zählen, Messen oder Wiegen.
11 Die … Bestandsaufnahme erfolgt über Belege wie z. B. Rechnungen und Kontoauszüge.
12 Die … Inventur erfolgt innerhalb von zehn Tagen vor oder nach dem Bilanzstichtag.
13 die Menge betreffend
14 Bei der … Inventur erfolgt die Bestandsaufnahme an einem festgelegten Tag innerhalb der letzten drei Monate vor dem Bilanzstichtag oder innerhalb der ersten zwei Monate nach dem Bilanzstichtag.

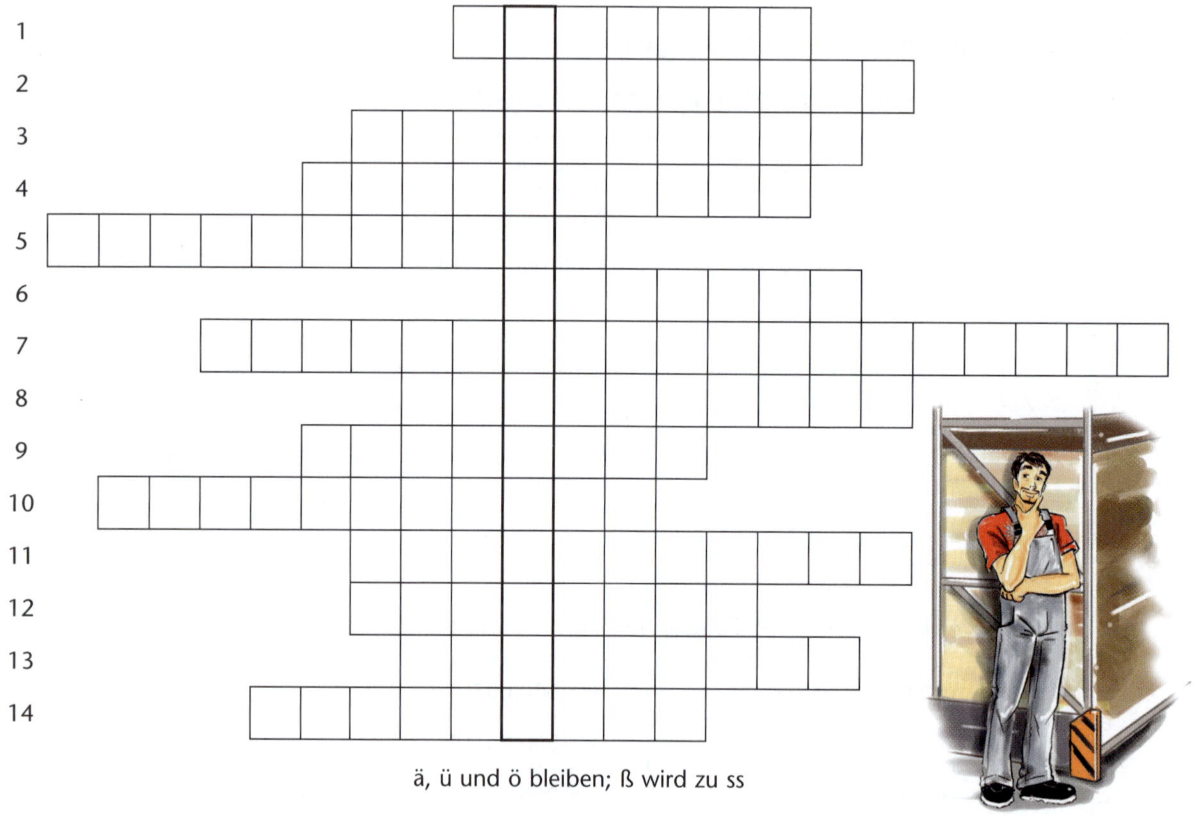

ä, ü und ö bleiben; ß wird zu ss

Arbeitsblatt 4: Was sind Kosten und welche Kosten fallen im Lager an?

1. Definieren Sie die Begriffe Umsatzerlöse, Kosten und Gewinn.

2. Erklären Sie, unter welchen Bedingungen ein Unternehmen wirtschaftlich arbeitet.

3. Jede Lagerhaltung verursacht Kosten. Zählen Sie mögliche Kosten auf, die im Lager anfallen können.

4. Überprüfen Sie, ob die Filialen wirtschaftlich gearbeitet haben. Begründen Sie Ihr Ergebnis.

	Filiale 1	Filiale 2
Umsatzerlöse	287 560,00 EUR	206 600,00 EUR
Fixkosten	155 750,00 EUR	145 500,00 EUR
variable Gesamtkosten	105 125,00 EUR	120 250,00 EUR

5. Ihnen liegt folgende Lagerdatei vor:

	A	B	C
1		**Unternehmensergebnis 2013**	
2			
3		**Werk A**	**Werk B**
4	Umsatzerlöse	45 700,00 EUR	35 620,00 EUR
5	Zinserträge	1 750,00 EUR	250,00 EUR
6	Erlöse der Vermietung	11 500,00 EUR	11 500,00 EUR
7	Erträge aus den Wertpapieren	5 500,00 EUR	3 000,00 EUR
8	**Gesamtumsatz**		
9			
10	Aufw. f. Rohstoffe	4 500,00 EUR	12 000,00 EUR
11	Aufw. für Fremdbauteile	3 600,00 EUR	9 900,00 EUR
12	Frachten u. Fremdlager	1 000,00 EUR	2 000,00 EUR
13	Fremdinstandhaltung	500,00 EUR	2 500,00 EUR
14	Löhne	19 900,00 EUR	21 000,00 EUR
15	AG-Anteile Soz.Vers.	2 300,00 EUR	2 500,00 EUR
16	Beiträge zur Berufsgen.	180,00 EUR	180,00 EUR
17	Werbung	500,00 EUR	700,00 EUR
18	**Gesamtkosten**		
19			
20	**Unternehmensergebnis Gewinn oder Verlust**		
21			

a) Berechnen Sie jeweils für die Werke A und B die Gesamtumsätze, Gesamtkosten und die Unternehmensergebnisse und tragen Sie die Ergebnisse in die grauen Felder ein.

b) Geben Sie die Formeln an, mit denen die fehlenden Ergebnisse in den Zellen berechnet werden können.

B8	
C10	
B18	
C18	
B20	
C20	

Arbeitsblatt 5: Wie können die Lagerkosten minimiert werden?

1. Warum ist es für ein Unternehmen wichtig, die Lagerkosten zu minimieren?

2. Ausgangspunkt für fast alle Überlegungen im Bereich Lager ist die Frage, wie es der Unternehmer bewerkstelligen kann, den Zielkonflikt der Lagerhaltung optimal zu lösen.

a) Erklären Sie den Zielkonflikt der Lagerhaltung.

b) Beschreiben Sie Maßnahmen, wie dieser Konflikt zu lösen ist.

3. Eine Maßnahme, die Lagerkosten zu senken, ermöglicht die Just-in-time-Lieferung.

a) Was versteht man unter der Just-in-time-Lieferung?

b) Welche Nachteile ergeben sich aus der Just-in-time-Lieferung?

-
-
-
-

c) Zu den Vorteilen der Just-in-time-Lieferung zählen u. a. folgende:

- Abbau der (überflüssigen) Lagerbestände
- Kostenersparnisse (Lagerhaltung, Personal ...)
- Reduzierung der Kapitalbindung

Begründen Sie, warum die Just-in-time-Lieferung diese Vorteile ermöglicht.

-
-
-

4. Ihnen liegt folgende Lagerdatei vor:

	A	B	C
1		**Kostenentwicklung**	
2		**Abteilung Lager**	
3			
4	**Lagerkosten**	**1. Quartal**	**2. Quartal**
5	**Kosten für das eingesetzte Kapital**	75 650,00 EUR	78 780,00 EUR
6	**Personalkosten**	25 645,00 EUR	25 645,00 EUR
7	**Materialkosten**	2 235,00 EUR	2 648,00 EUR
8	**Kosten für die eingesetzten Arbeitsmittel**	1 900,00 EUR	2 100,00 EUR
9	**weitere Fixkosten**	4 000,00 EUR	4 000,00 EUR
10	**Gesamtkosten**		
11			

a) Berechnen Sie die Gesamtkosten für das erste und zweite Quartal und tragen Sie Ihre Ergebnisse in die grauen Felder ein.

b) Geben Sie die Formeln an, mit denen die fehlenden Ergebnisse in den Zellen B10 und C10 berechnet werden können.

B10	
C10	

Arbeitsblatt 6: Welche Lagerkennziffern gibt es und was sagen diese aus?

1. Welche Aussage trifft auf die folgende Übersicht zu den Bestandsarten zu? Kreuzen Sie an.

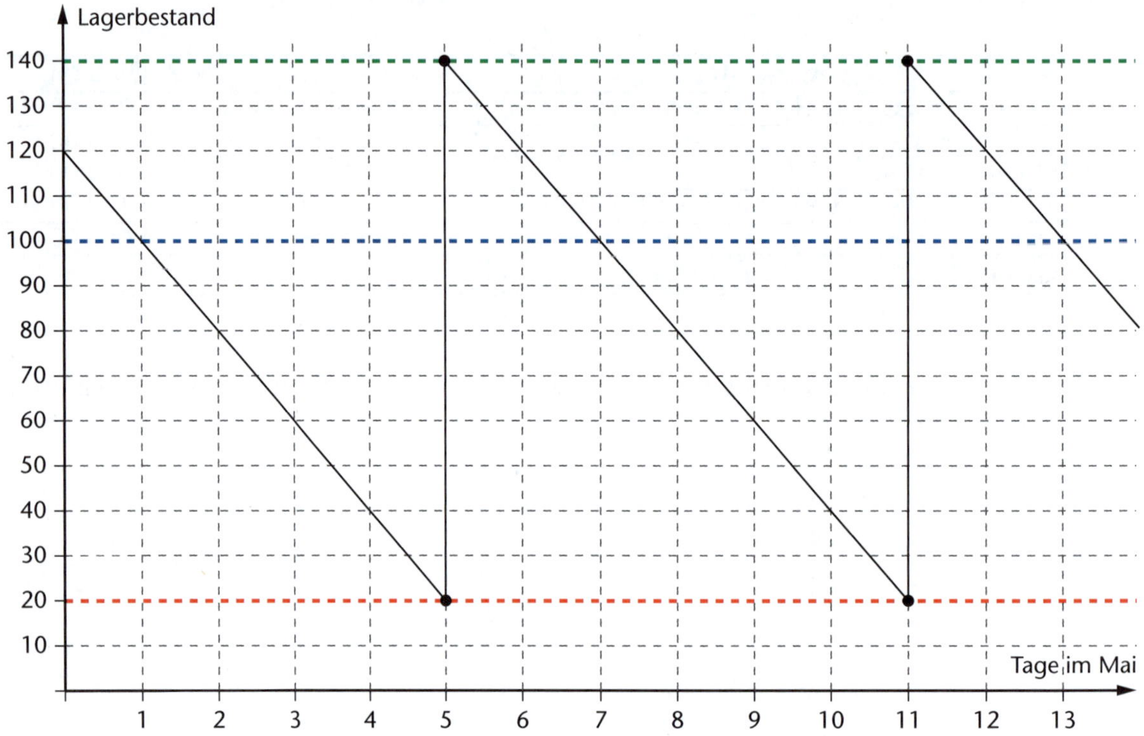

- ☐ Mindestbestand 30 Stück, Meldebestand 100 Stück, Höchstbestand 140 Stück, Liefermenge 120 Stück, Lieferzeit 4 Tage
- ☐ Mindestbestand 20 Stück, Meldebestand 110 Stück, Höchstbestand 140 Stück, Liefermenge 120 Stück, Lieferzeit 4 Tage
- ☐ Mindestbestand 20 Stück, Meldebestand 100 Stück, Höchstbestand 120 Stück, Liefermenge 120 Stück, Lieferzeit 4 Tage
- ☐ Mindestbestand 20 Stück, Meldebestand 100 Stück, Höchstbestand 140 Stück, Liefermenge 120 Stück, Lieferzeit 6 Tage
- ☐ Mindestbestand 20 Stück, Meldebestand 100 Stück, Höchstbestand 140 Stück, Liefermenge 120 Stück, Lieferzeit 4 Tage
- ☐ Mindestbestand 20 Stück, Meldebestand 100 Stück, Höchstbestand 140 Stück, Liefermenge 100 Stück, Lieferzeit 4 Tage

2. Sie sind für die Ermittlung der Lagerkennziffern zuständig. Ihnen liegt folgende Lagerdatei vor:

	A	B	C	D	E
1					
2	**Lagerdatei:**				
3	Artikelbez.	*Bratpfanne Super Genuss*			
4	Artikelnummer	5694271			
5	Lieferer	Gastro 2012			
6	Verkaufspreis	35,00 EUR			
7	Bezugspreis	25,00 EUR			
8					
9	**Datum**	**Beleg**	**Zugänge**	**Abgänge**	**Bestand**
10	01. Jan.	Inventur			110
11	03. Feb.	Kassenbeleg 210		10	
12	15. Mrz.	Kassenbeleg 320		30	
13	10. Apr.	Kassenbeleg 455		15	
14	16. Mai	Kassenbeleg 567		12	
15	21. Mai	Kassenbeleg 598		8	
16	03. Jun.	Eingangsrechnung 451	90		
17	16. Jun.	Kassenbeleg 6598		5	
18	27. Jul.	Kassenbeleg 7564		20	
19	04. Aug.	Kassenbeleg 8012		17	
20	18. Aug.	Kassenbeleg 8560		16	
21	20. Sep.	Kassenbeleg 9798		20	
22	14. Okt.	Kassenbeleg 10234		19	
23	20. Okt.	Eingangsrechnung 1023	90		
24	30. Okt.	Kassenbeleg 10578		22	
25	15. Nov.	Kassenbeleg 11234		6	
26	07. Dez.	Kassenbeleg 12087		12	
27	20. Dez.	Kassenbeleg 12980		5	
28	**31. Dez.**	**Sollbestand**			
29					

a) Vervollständigen Sie die Bestände in der Spalte E.

b) Geben Sie die Formel zur Berechnung der Zelle E11 an.

E11	

c) Berechnen Sie den durchschnittlichen Lagerbestand auf der Grundlage der Jahres-, Quartals- und Monatsendbestandsformel.

d) Für welchen Wert zur weiteren Berechnung der weiteren Lagerkennziffern sollten Sie sich entscheiden? Begründen Sie.

e) Berechnen Sie den mengen- und wertmäßigen Wareneinsatz.

f) Wie hoch war der Umsatz für die Bratpfanne *Super Genuss* in diesem Jahr?

g) Berechnen Sie die Umschlagshäufigkeit. Runden Sie auf zwei Nachkommastellen.

h) Berechnen Sie die durchschnittliche Lagerdauer.

i) Der alternative Artikel zu der Bratpfanne *Super Genuss* ist die Bratpfanne *Pfanny*. Sie weist folgende Lagerkennziffern auf:

durchschnittlicher Lagerbestand	75 Stück
Wareneinsatz	525 Stück
Bezugspreis je Stück	25,00 EUR
Verkaufspreis je Stück	32,50 EUR

Berechnen Sie die Umschlagshäufigkeit und die durchschnittliche Lagerdauer für die Bratpfanne *Pfanny* und vergleichen Sie diese beiden Artikel miteinander. Wie sollte das Unternehmen auf die unterschiedlichen Entwicklungen der Kennzahlen reagieren? Begründen Sie Ihre Meinung.

3. Um rechtzeitig auf Veränderungen reagieren zu können, werden die Lagerkennziffern quartalsweise ermittelt. Ihnen liegen folgende Werte zu den Warengruppen I bis IV für das zweite Quartal vor:

	A	B	C	D	E	F	G	H	I
1				Lagerbestände und Auswertung					
2									
3	Angaben in Stück								
4	Waren-gruppe	Bestand am				Waren-einsatz	Durchschnittlicher Lagerbestand	Lagerumschlags-häufigkeit	Durchschnittliche Lagerdauer
5		01. Apr.	30. Apr.	31. Mai	30. Jun.				
6	I	60	45	85	70	250			
7	II	100	95	120	105	650			
8	III	35	25	32	29	110			
9	IV	140	95	115	125	615			
10	Summe								
11									
12									

a) Berechnen Sie die Summen der Bestände und tragen Sie Ihre Ergebnisse in die blauen Felder ein.

b) Geben Sie die Formel für die Zelle B10 an.

B10	

c) Berechnen Sie für jede Warengruppe den durchschnittlichen Lagerbestand des Quartals auf der Grundlage aller angegebenen Bestände (ganze Zahlen), die Lagerumschlagshäufigkeit (eine Nachkommastelle) und die durchschnittliche Lagerdauer (ganze Tage) und tragen Sie Ihre Ergebnisse in die oben stehende Übersicht ein.

d) Geben Sie die Formeln für folgende Zellen an.

G6	
H6	
I6	

4. Um die Lagerhaltung zweier Filialen vergleichen zu können, liegen Ihnen folgende Daten für das Geschäftsjahr 2013 vor:

	A	B	C
1			
2		**Filiale Emden**	**Filiale Leer**
3	Anfangsbestand	50 000,00 EUR	40 000,00 EUR
4	Summe aller Monatsendbestände	600 000,00 EUR	220 000,00 EUR
5	Wareneinsatz	450 000,00 EUR	440 000,00 EUR
6	Marktzinssatz	5	5
7	durchschnittlicher Lagerbestand		
8	Umschlagshäufigkeit		
9	durchschnittliche Lagerdauer in Tage		
10	Lagerzinssatz		
11	Lagerzinsen		
12			

a) Berechnen Sie die fehlenden Werte und tragen Sie Ihre Ergebnisse in die oben stehende Übersicht ein. Geben Sie für den Lagerzinssatz vier Nachkommastellen an.

b) Geben Sie die Formeln für folgende Zellen an:

B7	
B8	
B9	
B10	
B11	

c) Vergleichen Sie die beiden Filialen hinsichtlich ihrer Kennzahlen miteinander.

____

____

____

____

____

____

____

____

5. Zwischen der Lagerleiterin Frau Müller und dem Verkaufsleiter Herrn Schmitz einer Elektrogroßhandlung findet folgendes Telefongespräch statt:

Frau Müller: Im letzten Jahr betrug der Absatz des *Beamer Super Light* 2880 Stück. Im Durchschnitt hatten wir 576 Stück auf Lager liegen. Das sind viel zu viele.

Herr Schmitz: Da gebe ich Ihnen recht. So können wir nie die Vorgabe einer Umschlagshäufigkeit von 8 erreichen.

a) Berechnen Sie aus den o.a. Angaben die Umschlagshäufigkeit und die durchschnittliche Lagerdauer für das letzte Jahr.

b) Durch welche Maßnahmen kann eine höhere Umschlagshäufigkeit erreicht werden?

c) Berechnen Sie, um wie viele Tage sich die durchschnittliche Lagerdauer bei einer Umschlagshäufigkeit von 8 verändern würde.

d) Berechnen Sie diese Änderung als Prozentwert.

6. Lösen Sie das folgende Kreuzworträtsel.

1 Dieser Bestand gibt an, wie viel maximal auf Lager sein sollte.

2 Dieser wird durch den Verkauf von Produkten oder Dienstleistungen erwirtschaftet.

3 Dieser Wert beschreibt die Menge an Gütern, die in einem bestimmten Betrachtungszeitraum verkauft bzw. verbraucht wurden.

4 Sie stellen die Ausgaben für ein Unternehmen dar.

5 Mit der Formel (Jahresanfangsbestand + 12 Monatsendbestände) : 13 wird der durchschnittliche ... berechnet.

6 Die Ermittlung der optimalen ... ermöglicht dem Unternehmen, die Lagerbestände zu reduzieren.

7 Wenn der durchschnittliche Lagerbestand unter der Berücksichtigung der ...endbestände berechnet wird, teilt man durch 5.

8 Das ist der Bestand, bei dem neue Güter bestellt werden müssen.

9 Sie geben die Zinsen für das im Lager gebundene Kapital an.

10 Um den ... der Lagerhaltung lösen zu können, müssen die Nachteile eines zu niedrigen und eines zu hohen Lagerbestandes vermieden werden.

11 Der ... ist die Bezeichnung für den „eisernen" Bestand.

12 Sie gibt an, wie lange der derzeitige Lagerbestand unter Berücksichtigung der laufenden Bestellungen ausreicht.

13 Sie drückt aus, wie oft der durchschnittliche Lagerbestand in einem bestimmten Zeitraum verkauft bzw. verbraucht wird.

14 Wenn die Einnahmen größer als die Ausgaben sind, dann wird ein ... erwirtschaftet.

15 Sie gibt an, wie lange die Güter im Durchschnitt auf Lager sind.

ä, ü und ö bleiben; ß wird zu ss

Lernfeld 4

Güter im Betrieb transportieren

Arbeitsblatt 1: Innerbetrieblicher Materialfluss

1. Unterscheiden Sie den innerbetrieblichen Materialfluss vom außerbetrieblichen Materialfluss.

____

____

____

____

____

2. Entscheiden Sie in folgenden Fällen, ob ein innerbetrieblicher Materialfluss (1) oder ein außerbetrieblicher Materialfluss (2) vorliegt.

	Lösung
Michael bringt mit dem Gabelstapler die palettierte Ware von der Wareneingangszone zur Einlagerung.	
Ein Baustoffhändler transportiert mit dem werkseigenen Lkw Baustoffe von der Zentrale zu den Baustellen der Kunden.	
Eine Elektrohängebahn befördert die fertigen Karosserien von der Fertigungshalle I in die Fertigungshalle II.	
Ein Automobilhersteller bekommt eine Stahllieferung durch ein Eisenbahnunternehmen am betriebseigenen Gleis angeliefert.	
Für das Kommissionieren verwendet Maria einen Rollenwagen.	

3. Von welchen Faktoren hängt der innerbetriebliche Materialfluss ab?

____

____

____

4. Erläutern Sie vier Ziele, die durch die Optimierung eines innerbetrieblichen Materialflusses erreicht werden sollen.

____

____

____

____

____

5. Bei der Optimierung und Planung der innerbetrieblichen Transportsysteme müssen wirtschaftliche Faktoren beachtet werden. Welche der folgenden Faktoren tragen **nicht** zur Wirtschaftlichkeit des innerbetrieblichen Transportsystems bei? Kreuzen Sie an.

geringe Flexibilität	☐
geringe Transportkosten	☐
geringe Leerfahrten	☐
lange Transportstrecken	☐
optimale Nutzung der Fördermittel	☐

6. Ein Versandhaus investiert in ein Fließband, welches die kommissionierten Aufträge von der Sammelstelle direkt zur Verpackung bringt. Vorher haben die Mitarbeiter die kommissionierten Aufträge auf Rollwagen zur Verpackung gebracht.

Wie wirkt sich diese Investition auf den innerbetrieblichen Materialfluss aus? Begründen Sie.

Arbeitsblatt 2: Der Einsatz von Förderhilfsmitteln und Fördermitteln

1. Unterscheiden Sie Förderhilfsmittel von Fördermitteln.

2. Ergänzen Sie die Felder um das geeignete Fördermittel bzw. Förderhilfsmittel.

Förderhilfsmittel	Fördermittel
	Sackkarre
Gitterboxpalette	
	Rollenbahn
Big-Bag	

3. Die Europalette ist das am meisten verwendete Förderhilfsmittel in der Logistik. Beschreiben Sie die Vorteile einer Europalette.

- __________
- __________
- __________
- __________
- __________
- __________
- __________

4. Die Fördermittel lassen sich in Stetig- und Unstetigförderer sowie flurfrei und flurgebundene Fördermittel unterscheiden.

a) Definieren Sie die folgenden Begriffe:

Stetigförderer	
Unstetigförderer	
flurfrei	
flurgebunden	

b) Kreuzen Sie Zutreffendes für die folgenden Fördermittel an:

Fördermittel	Stetigförderer	Unstetigförderer	flurfrei	flurgebunden
Hebebühne				
Kreiskettenförderer				
Dieselstapler				
Rollenbahn				
fahrerloses Transportsystem				
Becherwerk				
Portalkran				
Hubwagen				
Elektrohängebahn				

c) Entscheiden Sie in den folgenden Fällen, ob die Anschaffung eines Stetig- oder Unstetigförderers geeignet ist, und nennen Sie jeweils ein konkretes Beispiel.

Fall 1: In einer der Produktionshallen eines Windenergieanlagenherstellers werden die kompletten Rotornaben (Gehäuse aus Stahl, komplette technische Anlagen im Inneren der Nabe, Lackierung usw.) gefertigt. Die fertige Nabe wiegt mehrere Tonnen. Jeder Produktionsschritt baut auf dem vorherigen auf, sodass eine feste Beförderungsstrecke notwendig ist.

Fall 2: Ein Online-Versandhaus möchte die Güter nach der chaotischen Lagerung in einem Hochregallager einlagern. Es wird ein Fördermittel gesucht, das sowohl für die Einlagerung als auch für die Auslagerung geeignet ist.

5. Regalbediengeräte werden überwiegend in Hochregallagern eingesetzt. Der Einsatz von Regalbediengeräten erhöht die Umschlagsleistung. Die Umschlagsleistung drückt die Zahl der Ein- und Auslagerungen in einem bestimmten Zeitabschnitt aus. Sie ist abhängig von der Spielzeit. Beschreiben Sie ausführlich, was in diesem Zusammenhang unter Spielzeit zu verstehen ist.

____

____

____

____

____

____

6. Lösen Sie das Kreuzworträtsel auf der nächsten Seite.

1 Ein Regalbediengerät kann manuell, halbautomatisch und ... gesteuert werden.

2 Unstetigförderer lassen sich unterteilen in ..., Regalbediengeräte und Flurförderzeuge.

3 Fahrerlose Transportsysteme benötigen einen Fahrweg, der durch ... im Boden festgelegt ist.

4 Die ... ist ein Stetigförderer. Sie besteht aus vielen hintereinander parallel angeordneten Walzen, die sich leicht drehen lassen.

5 ... Flurförderzeuge besitzen einen Antrieb. Der Antrieb kann diesel-, benzin-, gas- oder elektronisch betrieben sein.

6 Diese Fördermittel eignen sich für den Transport großer und schwerer Mengen auf festen Beförderungsstrecken.

7 ... sind Fördermittel, die nach ihrer Bauart dadurch gekennzeichnet sind, dass sie mit Rädern auf dem Boden laufen und frei lenkbar sind. Sie befördern, schieben und ziehen Lasten.

8 ... Fördermittel befördern die Güter hängend.

9 Unstetigförderer sind ... einsetzbar.

10 Zu den automatischen Flurförderzeugen zählen die ... Transportsysteme.

11 Zu den ... betriebenen Fördermitteln zählen u. a. der Rollwagen und der Etagentransportwagen.

ä, ü und ö bleiben; ß wird zu ss

7. Sie arbeiten als Fachlagerist in der Warenannahme eines Schraubengroßhändlers und sind für die Warenannahme einer Lieferung von zwei Europaletten Schrauben mit einem Gesamtgewicht von 1,4 Tonnen zuständig. Der Lkw ist mit geöffneter Heckklappe an die hydraulisch verstellbare Entladebrücke der Lagerhalle herangefahren.

   a) Mit welchem Fördermittel wird die Ware entladen und befördert?

   - Kommissionierstapler ☐
   - Schlepper ☐
   - Teleskopstapler ☐
   - Elektrodeichselhubwagen ☐
   - Elektroseitenstapler ☐

b) Welches Fördermittel eignet sich besonders für den Transport dieser Lieferung bis zum Übergabeplatz im Hochregallager?

Rollenbahn ☐
Röllchenbahn ☐
Kettenförderer ☐
Elektrohängebahn ☐
Vertikalförderer ☐

c) Welches Fördermittel kommt bei der Einlagerung im 22 m hohen, vollautomatischen Palettenregal zum Einsatz? Kreuzen Sie an.

fahrerlose Transportsysteme ☐
automatisches Regalbediengerät ☐
Dieselstapler ☐
Elektrohängebahn ☐
Lastenaufzug ☐

8. Kreuzen Sie bei den folgenden Fragen die richtige Lösung an.

a) In einem Lager soll eine flurfreie und fahrerlose Transportmöglichkeit eingesetzt werden. Zwischen dem Wareneingang und dem Hochregallager sind Wege zwischen 100 m und 250 m zurückzulegen. Die Güter sollen an den Übergabestellen automatisch übernommen werden. Welches der folgenden Fördermittel eignet sich für den Transport?

fahrerloses Transportsystem ☐
Unterflurschleppenkettenförderer ☐
Dieselstapler ☐
Elektrohängebahn ☐
Walzenbahn ☐

b) Warum sollte man sich aus ökonomischen Gründen für den Einsatz eines Stetigförderers entscheiden?

Stetigförderer ermöglichen einen schnelleren Transport. ☐
Es besteht eine ständige Transportbereitschaft. ☐
Sie können auf unterschiedlichen Transportwegen benutzt werden. ☐
Stetigförderer sind flexibel einsetzbar. ☐
Stetigförderer verbrauchen weniger Energie. ☐

d) Zwei offene Waggons mit je einer unterfahrbaren Holzkiste (Bruttogewicht je Holzkiste 5,5 t) stehen auf einem betriebseigenen Gleis zur Entladung bereit. Die Entladung soll mit einem flurgebundenen mobilen Hebezeug erfolgen. Entscheiden Sie, mit welchem Hebezeug die Entladung der Waggons erfolgen soll.

mit einem Elektrostapler ☐
mit einer Hebebühne ☐
mit einem Turmdrehkran ☐
mit einem Aufzug ☐
mit einem Autodrehkran ☐

e) Welches Flurförderzeug sollte in einer Lagerhalle eingesetzt werden, in der brennbare Gase entstehen können?

- Elektrostapler ☐
- Kettenförderer ☐
- Portalkran ☐
- ex-geschützter Stapler ☐
- Elektrohubwagen ☐

f) Welches Fördermittel ist nicht für den Einsatz im Schwerteilelager geeignet?

- Elektroschlepper ☐
- Kettenförderer ☐
- Lastenroller ☐
- Röllchenbahn ☐
- Dieselstapler ☐

Arbeitsblatt 3: Der Gabelstapler

1. Es gibt unterschiedliche Staplerarten, die sich wiederum in ihrer Bauart und -form unterscheiden. Lösen Sie das Kreuzworträtsel zu den verschiedenen Staplerarten.

1 Ist der Stapler mit einem Sitz ausgestattet, der in Fahrtrichtung oder seitlich dazu angeordnet ist, handelt es sich um ein ... .

2 Dieses Anbaugerät ermöglicht den Transport von Teppichrollen und Rohren.

3 Personen dürfen nur mitgenommen werden, wenn Mitfahrersitze oder ein ... vorhanden sind.

4 Die ... sind freitragend und radunterstützt.

5 Es gibt dreirädrige und vierrädrige Stapler. Sie werden nach der ... unterschieden.

6 Andere Bezeichnung für Querstapler.

7 Es gibt radunterstützte und freitragende Stapler. Sie werden nach der ... unterschieden.

8 Bei den ...-Flurförderzeugen steht die Person vor, neben oder hinter dem Gerät (z. B. Hubwagen).

9 Der ...stapler ist die bekannteste Bauart und wird im Sprachgebrauch oft als Gabelstapler bezeichnet.

10 Der ...stapler ist ein Gegengewichtsstapler mit einer speziellen Aufnahmevorrichtung (Spreader) zur Aufnahme von ...n.

11 Die ...stapler sind Baumaschinen mit Allradantrieb. Sie können Güter in die Höhe sowie einige Meter seitlich transportieren.

12 Es gibt Stapler mit einem Einfach-, Zweifach-, Dreifach- und Vierfachmast. Sie werden nach der ... unterschieden.

13 Es gibt Benzin-, Diesel-, Gas- oder Elektrostapler. Sie werden nach der ... unterschieden.

14 Die ... werden von einer Person bedient, die auf einer Plattform am Ende des Flurförderzeuges oder zwischen dem Batteriekasten und den Lastgabeln steht.

ä, ü und ö bleiben; ß wird zu ss

2. Vervollständigen Sie die unten aufgeführte Tabelle.

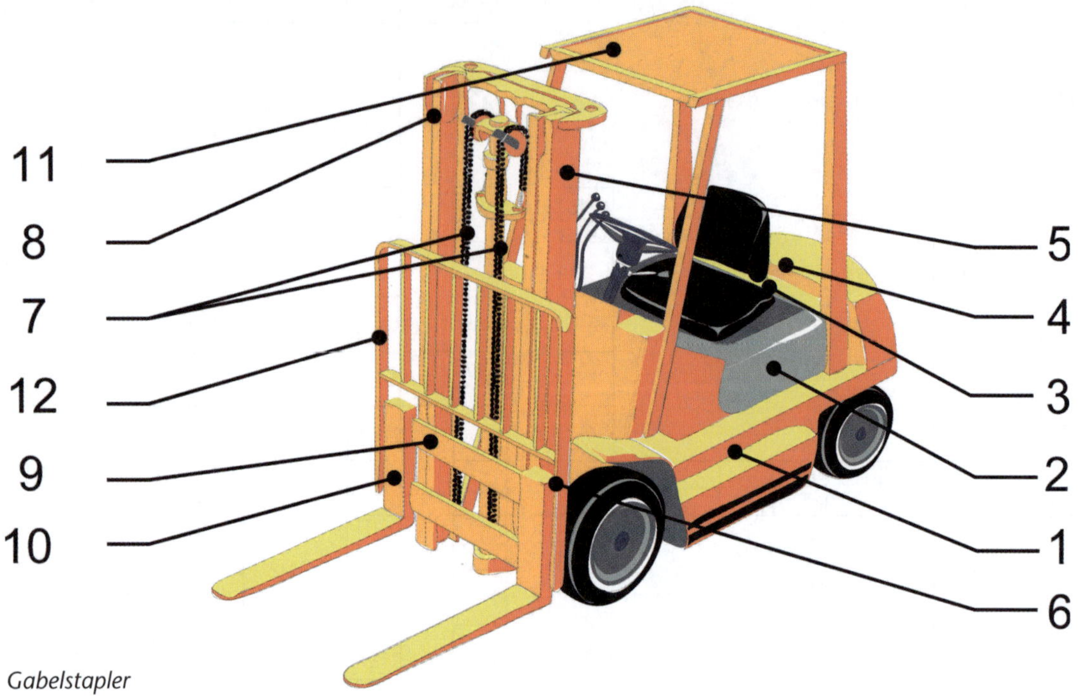

Gabelstapler

1		7	
4		10	
5		11	
6		12	

3. Ermitteln Sie anhand des folgenden Tragfähigkeitsdiagramms, wie hoch die aufgeführten Lasten maximal gehoben werden dürfen.

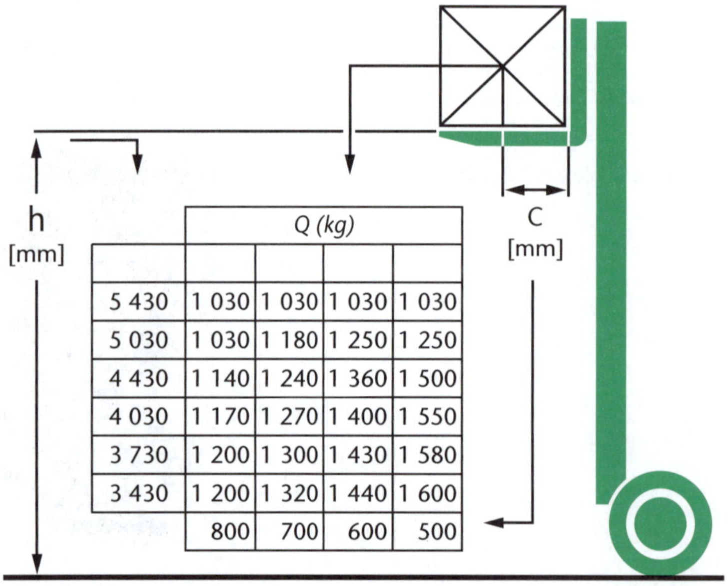

	Q (kg)			
5 430	1 030	1 030	1 030	1 030
5 030	1 030	1 180	1 250	1 250
4 430	1 140	1 240	1 360	1 500
4 030	1 170	1 270	1 400	1 550
3 730	1 200	1 300	1 430	1 580
3 430	1 200	1 320	1 440	1 600
	800	700	600	500

Tragfähigkeitsdiagramm

a) Ein Behälter mit einem Gewicht von 1,4 t und einem Lastschwerpunktabstand von 0,6 m.

___

b) Ein Behälter mit einem Gewicht von 1 180 kg und einem Lastschwerpunktabstand von 80 cm.

c) Eine Holzkiste mit den Maßen 1,0 m × 1,0 m × 0,4 m und einem Gesamtgewicht von 1,3 t.

d) Eine Palette mit den Maßen 120 cm × 100 cm und einem Gesamtgewicht von 1 400 kg.

e) Eine Holzkiste mit den Maßen 120 cm × 100 cm und einem Gesamtgewicht von 1 500 kg.

f) Überprüfen Sie, ob Sie eine Europalette mit einem Gesamtgewicht von 1 650 kg in ein 5 m hohes Feld eines Palettenregals heben dürfen. Begründen Sie.

4. Die 18-jährige Maje hat ihren ersten Arbeitstag als Fachlageristin bei einem Dienstleistungsunternehmen. Neben ihrer abgeschlossenen Berufsausbildung verfügt sie über einen Gabelstaplerschein. Diesen hat sie durch eine theoretische und eine praktische Prüfung bei der Dekra erworben. Maje steht mit ihrer Arbeitskleidung an der Laderampe und wartet auf ihren Vorgesetzten, damit dieser sie einweist. In diesem Moment bittet sie ein Mitarbeiter, ihn beim Entladen des Lkws mit dem Stapler zu unterstützen.

a) Nennen Sie die Voraussetzungen, über die ein Gabelstaplerfahrer verfügen muss, um den Gabelstapler zu führen.

-
-
-
-

b) Wie sollte sich Maje verhalten?

c) Nachdem Maje eine Unterweisung und den Fahrauftrag erhalten hat, erfüllt sie alle Voraussetzungen zum Führen eines Gabelstaplers und muss diesen auch für ihre täglich anfallenden Aufgaben im Betrieb nutzen. Worauf muss Maje **während** der Nutzung achten? Formulieren Sie zwei Regeln.

d) Was muss Maje nach Beendigung der Fahrt tun?

-
-
-

5. Vor Fahrantritt ist der Stapler auf Verkehrs- und Betriebssicherheit zu überprüfen. Nennen Sie jeweils zwei wesentliche Schritte für die Sichtprüfung und für die Funktionsprüfung.

Sichtprüfung	Funktionsprüfung

6. Damit der Einsatz von Gabelstaplern im Betrieb sicher und ordnungsgemäß umgesetzt wird, ist die Betriebsanweisung „Gabelstapler – Mitnahme von Personen" zu beachten.

Tragen Sie in den vier freien Bereichen der Betriebsanweisung je einen passenden Inhalt ein.

BTR-Nr. 0023	**MUSTER - BETRIEBSANWEISUNG**	Stand: August 02
04.01.2013	**Geltungsbereich und Tätigkeiten**	abgezeichnet am:

ANWENDUNGSBEREICH

Gabelstapler – Mitnahme von Personen

GEFAHREN FÜR MENSCH UND UMWELT

___

___

___

SCHUTZMASSNAHMEN UND VERHALTENSREGELN

___

___

___

___

___

___

___

___

___

___

___

___

VERHALTEN BEI STÖRUNGEN UND IM GEFAHRFALL

___

___

___

VERHALTEN BEI UNFÄLLEN – ERSTE HILFE

____

____

____

INSTANDHALTUNG, ENTSORGUNG

- Instandhaltungsarbeiten am Gabelstapler werden durchgeführt von:
- Für die Entsorgung (z. B. Altöl) ist zuständig:

7. Kreuzen Sie bei den folgenden Fragen die richtige Lösung an.

a) Ein Unternehmen plant die Anschaffung eines radunterstützten Staplers. Der Stapler soll eine Hubhöhe von mindestens 270 cm haben und aufgrund der engen Gänge im Lager einen Wenderadius von 1 500 mm nicht überschreiten. Der Stapler soll Paletten bis zu einem Gewicht von 1,3 t heben können.

Für welchen Staplertyp entscheiden Sie sich?

Staplertyp	Tragfähigkeit in kg	Hubhöhe in mm	Wenderadius in mm	Lösung
A	1 200	2 800	1 650	☐
B	1 300	2 700	1 620	☐
C	1 400	2 400	1 405	☐
D	1 500	3 200	1 450	☐
E	1 600	2 900	1 590	☐

b) Für welchen Stapler entscheiden Sie sich, wenn ein Flurförderzeug mit umweltschonendem Antrieb zur Ein- und Auslagerung von EUR-Gitterboxpaletten innerhalb einer geschlossenen Lagerhalle mit 4,30 m hohen Palettenregalen benötigt wird?

Hubwagen ☐
Benzinstapler ☐
Dieselstapler ☐
Elektrostapler ☐
Teleskopstapler ☐

c) Über Nacht soll die Batterie eines Elektrostaplers aufgeladen werden. Bringen Sie die folgenden Arbeitsschritte in die richtige Reihenfolge, indem Sie die Ziffern 1 bis 5 in die Kästchen neben den Arbeitsschritten eintragen.

Feststellbremse betätigen und Schlüssel abziehen ☐
Absenken der Gabel auf den Boden ☐
Ladegerät einschalten ☐
Anfahren an die Batterieladestation ☐
Ladestecker in die Kupplung des Ladegerätes einstecken ☐

d) Die Meier Logistics OHG möchte zur Verladung von Paletten auf Lkws ein Flurförderzeug anschaffen. Welches Flurförderzeug ist am besten geeignet?

- Ein freitragender Gabelstapler, da dieser an jede Laderampe und an jeden Lkw heranfahren kann. ☐
- Ein Regalförderzeug, da mehrere Paletten auf einmal transportiert werden können. ☐
- Ein Handhubwagen, da dieser flexibel einsetzbar ist. ☐
- Ein Elektrodeichselstapler, da dieser bis zu vier Tonnen transportieren kann. ☐
- Ein radunterstützter Deichselstapler, da dieser nur wenige Reparaturen aufweist. ☐

e) Sie sollen mit dem Gabelstapler eine Europalette über eine Laderampe mit Gefälle aus der Lagerhalle transportieren. Was müssen Sie hierbei beachten?

- Auf der Rampe darf überhaupt nicht mit dem Stapler gefahren werden. ☐
- Die Gabeln müssen während der Fahrt auf höchster Stellung sein. ☐
- Bei Gefälle die Last immer talseitig transportieren. ☐
- Bei Gefälle die Last immer bergseitig transportieren. ☐
- Die Rampe immer vorwärts herunterfahren. ☐

f) Vor der Fahrt mit dem Stapler führen Sie eine Sichtprüfung durch. Dabei stellen Sie fest, dass an einem Kabelstrang die Kunststoffummantelung durchgescheuert ist. Was müssen Sie unternehmen?

- Sie umwickeln die Stelle mit Isolierband. ☐
- Sie melden den Schaden Ihrem Vorgesetzten, der wiederum einen Fachmann beauftragt, um den Schaden zu beheben. ☐
- Sie melden den Schaden nicht umgehend, da der Stapler in den nächsten Tagen zur Inspektion muss. ☐
- Sie melden den Schaden Ihrem Arbeitskollegen und bitten ihn, diesen zu beheben, da dieser privat Autos repariert. ☐
- Sie führen noch eine Funktionsprüfung durch und fahren dann los. ☐

g) Für den Transport von Papierrollen mit einem Gewicht von 800 kg soll ein Anbaugerät für den Stapler angeschafft werden. Welches Anbaugerät ist dazu am besten geeignet?

- Big-Bag-Traverse ☐
- Sicherheitskorb ☐
- Tragdorn ☐
- Kippbehälter ☐
- Schneeschieber ☐

Arbeitsblatt 4: Sicherheit und Gesundheitsschutz beim innerbetrieblichen Transport

1. Für den innerbetrieblichen Arbeitsschutz sind Arbeitgeber, Arbeitnehmer, Sicherheitsbeauftragte, Fachkraft für Arbeitssicherheit, Betriebsärzte, Betriebsrat und Arbeitsschutzausschuss zuständig. Ordnen Sie bei den folgenden Situationen zu, wer für den Arbeitsschutz verantwortlich ist.

Sie haben Vorschriften und Anweisungen zu beachten.	
Sie unterstützen Vorgesetzte und ihre Kollegen in allen Fragen des Arbeitsschutzes.	
Er wird bei allen Fragen der Sicherheit und des Gesundheitsschutzes einbezogen.	
Sie sorgt für die Überprüfung von Anlagen, Arbeitsmitteln und Arbeitsverfahren.	
Er bestellt Fachkräfte für Arbeitssicherheit, Betriebsärzte, Sicherheitsbeauftragte und Ersthelfer.	
Sie achten darauf, dass die Schutzeinrichtungen und persönliche Schutzbekleidung benutzt werden.	
Sie müssen Mängel melden oder sie ggf. selbst beseitigen, sofern dies für sie möglich ist.	
Sie motivieren die Kollegen zu einem sicheren Verhalten und sind selbst gute Vorbilder.	
Sie untersuchen die Arbeitnehmer und beurteilen sie arbeitsmedizinisch.	
Er sorgt für die Unterweisung der Mitarbeiter.	
Sie berät den Unternehmer in allen sicherheitstechnischen Fragen und bei der Durchführung von Gefährdungsbeurteilungen.	
Unternehmer, Betriebsrat, Betriebsarzt, Fachkraft für Arbeitssicherheit, Sicherheitsbeauftragte und eventuell Behindertenbeauftragte arbeiten zusammen.	

2. Im Lager werden für diverse Fördermittel und andere technische Anlagen Öle (Hydraulik-, Schmier- und Getriebeöle) verwendet. Folgende Betriebsanweisung hängt im Lager aus.

Betriebsanweisung

gemäß GefStoffV

Tätigkeit: Schmierarbeiten; Lagerung, Ab- und Umfüllen von Schmierstoffen

Anwendungsbereich

Arbeiten mit Hydraulik-, Getriebe- und Schmierölen

Gefahren für Mensch und Umwelt

- Hautentfettung und folglich auch Hautreizung durch häufigen und langandauernden Kontakt
- Übelkeit, Erbrechen und Durchfall durch Verschlucken großer Mengen von Öl
- eingeatmeter Dampf, Nebel oder Rauch kann gesundheitsschädlich sein
- Reizung oder Rötung der Augen nach direktem Kontakt möglich
- Reizung der Schleimhäute von Augen, Nase und Hals durch Dämpfe von erwärmtem Öl

Schutzmaßnahmen und Verhaltensregeln

- Das Rauchen ist strengstens verboten.
- Ölgefäße nicht offen stehen lassen.
- Von offenen Flammen und Wärmequellen fernhalten.
- Keine Lebensmittel und Getränke während des Umgangs mit dem Produkt zu sich nehmen.
- Beim Ab- und Umfüllen der Gefäße eine geringe Fallhöhe zur Vermeidung der Spritzgefahr wählen. Beim Umfüllen eine Ölauffangwanne benutzen.
- Beim Transport müssen die Gefäße geschlossen sein.
- Die Ölgefäße an einem kühlen, trockenen und gut gelüfteten Ort in bruchsicheren und verschlossenen Behältern sowie getrennt von Oxidationsmitteln (Sauerstoff, Kaliumpermanganat, Säuren) lagern.
- Die Augen durch eine geeignete Schutzbrille schützen.
- Bei Gefahr des Hautkontaktes geeignete Schutzhandschuhe benutzen.
- Vor dem Umgang mit dem Produkt wasserlösliches Hautschutzpräparat verwenden.
- Die Hände vor den Pausen und nach Beendigung der Arbeit reinigen und pflegen.

Verhalten im Gefahrfall

Notruf 112

Brand: Entstehungsbrand mit Kohlendioxid, Schaum, Löschpulver oder Wassernebel bekämpfen. Nicht mit Wasservollstrahl löschen.
Vorsicht: Giftige Brandgase! Feuerwehr alarmieren.

Verschütten: Nicht in die Kanalisation oder in Gewässer gelangen lassen. Achtung: Rutschgefahr! Sofort mit Ölsauger oder mit Ölbindemittel aufnehmen. Bei Auslaufen kleinerer Mengen Putzlappen verwenden.

Erste Hilfe

Augenkontakt: Bei geöffnetem Lidspalt mit Wasser unter der Augendusche spülen und ggf. bei anhaltenden Schmerzen oder Rötungen der Augen einen Augenarzt aufsuchen.
Hautkontakt: Beschmutzte Kleidung sofort ausziehen. Die Haut mit viel Wasser und ggf. mit geeigneten Reinigungsmitteln abwaschen. Bei anhaltenden Reizungen der Haut einen Arzt aufsuchen.
Einatmen: Sofort nach draußen gehen und frische Luft einatmen.
Verschlucken: Kein Erbrechen herbeiführen. Den Mund mit Wasser ausspülen. Frischluftzufuhr und auf jeden Fall einen Arzt aufsuchen.

Notruf: 112

Sachgerechte Entsorgung

- Abfälle in gekennzeichneten nicht brennbaren Behältern (LAGERBEREICH) sammeln.
- Rückgabe der Mehrwegbehälter an den Lieferanten
- Altöl gehört zum Sondermüll und muss sortenrein gesammelt sowie umwelt- und fachgerecht entsorgt werden.

Datum: 10.04.2013
Unterschrift: *Max Müller*

a) Begründen Sie, zu welcher Art der Unterweisung die Betriebsanweisung zählt.

b) Sie beobachten in diesem Zusammenhang folgende Vorgänge:

- Situation 1: Ein Kollege entsorgt eine leere Flasche Hydrauliköl im Hausmüll.
- Situation 2: Beim Ölen der Hydraulikschläuche am Stapler raucht der Kollege eine Zigarette.
- Situation 3: Getriebeöl ist auf den Boden ausgelaufen. Die Kollegin ignoriert dieses.

Nehmen Sie jeweils Stellung dazu.

c) Was ist im Brandfall zu beachten?

d) Wie verhalten Sie sich, wenn Sie Schmieröl in die Augen bekommen?

____

____

____

e) Welche Schutzkleidungen sollten bei Arbeiten mit Hydraulik-, Schmier- und Getriebeölen getragen werden?

____

____

3. Beurteilen Sie in folgenden Fällen, um welche Art der Unterweisung es sich handelt.

Dem neuen Auszubildenden Levin wird gezeigt, wo sich der Erste-Hilfe-Kasten befindet.	
Levin erhält eine Unterweisung zum Führen des Kommissionierwagens.	
Am ersten Arbeitstag werden Levin die Räumlichkeiten im Betrieb gezeigt.	
Da Levin mehrfach seine Warnweste nicht getragen hat, wird er zu einem Gespräch in das Büro seines Vorgesetzten bestellt.	
Levin wird die Betriebsanweisung zum sicheren Umgang mit Flurförderzeugen vorgelegt.	

4. Wenn die Luftfeuchtigkeit bei der Arbeit zu niedrig ist, trocknen die Schleimhäute aus. Für den Arbeitnehmer ist dies unangenehm. Es können neben einer Heiserkeit auch Erkrankungen des Nasen-Rachen-Raumes und der Atemwege auftreten.

Nennen Sie zwei weitere Gesundheitsgefährdungen am Arbeitplatz und beschreiben Sie zu jeder Gefährdung die möglichen Auswirkungen auf den Arbeitnehmer.

Gesundheitsgefährdung	Folgen

5. Beurteilen Sie in den nachfolgenden Fällen, ob die Grundsätze beim ordnungsgemäßen Heben und Tragen berücksichtigt wurden. Begründen Sie Ihre Antwort.

a) Jarno soll einen Karton mit Tapetenrollen einlagern. Er bückt sich nach unten und hebt den Karton mit einem Ruck hoch.

b) Jasmin und Sven tragen gemeinsam einen zusammengerollten Teppich, um ihn versandfertig zu machen. Jasmin geht vorne und gibt die Richtung vor. Beide halten den Teppich fest.

c) Bernhard erhält die Aufgabe, die Fliesenpakete, die auf zwei Paletten verteilt sind, auf eine Palette umzupacken. Dazu hebt er die 25 kg schweren Pakete an, zieht sie ganz nah an den Körper, macht ein Hohlkreuz und legt die Pakete mit rundem Rücken auf die Palette.

Lernfeld 5

Güter kommissionieren

Arbeitsblatt 1: Gründe für Warenentnahmen

1. Kreuzen Sie bei nachfolgenden Sachverhalten an, ob es sich um innerbetriebliche oder außerbetriebliche Entnahmegründe handelt.

	innerbetrieblicher Entnahmegrund	außerbetrieblicher Entnahmegrund
Die Ware wird für einen Erstkunden kommissioniert.		
Die Ware wird für einen Altkunden kommissioniert.		
Die Ware wird für die Qualitätsprüfung im Hause kommissioniert.		
Die Ware wird für die Produktionslinie im Hause kommissioniert.		
Die Ware wird zur Produktion in dem Werk eines nahe gelegenen Kunden kommissioniert.		
Es findet eine Änderung des Sortiments statt.		
Es findet eine Inventur statt.		

2. Schreiben Sie in die leeren Felder, ob es sich um einen Kundenauftrag oder um einen Produktionsauftrag handelt.

	Kundenauftrag oder Produktionsauftrag?
Ein Einzelhändler kommissioniert Ware für einen Großhändler.	
Ein Einzelhändler kommissioniert Ware für einen Endverbraucher.	
Eine Fahrradfabrik kommissioniert Fahrräder für einen Großkunden.	
Eine Fahrradfabrik kommissioniert Stahlrohre für die eigene Herstellung von Fahrrädern.	
Eine Fahrradfabrik kommissioniert Stahlrohre für ein befreundetes Fahrradwerk.	

Arbeitsblatt 2: Grundbegriffe der Kommissionierung

1. Erklären Sie den Begriff Kommissionierung.

2. Vervollständigen Sie nachfolgende Tabelle in den freien Feldern.

gesuchte Begriffe	Erklärung der gesuchten Begriffe
Kommissionierer, Greifer, Picker (engl. to pick = greifen)	Mitarbeiter, der den Kommissionierauftrag ausführt
Kommission	
	Beleg mit allen für die Kommissionierung notwendigen Informationen, z. B. Informationen zum Lagerort, Artikelbezeichnung, Mengen- und Verpackungseinheiten

3. Warum werden immer mehr Waren kommissioniert?

-
-
-

4. Ordnen Sie nachfolgende Begriffe den Abbildungen zu.

Kommissionierautomat, Paketwagen, Kommissionierwagen, Abfallsammler, Kommissionierroboter, Reifentransport und -lagerung, Etagenwagen, Montage- und Eurokastenwagen, Kommissionierscanner

A	B	C

D	E	F
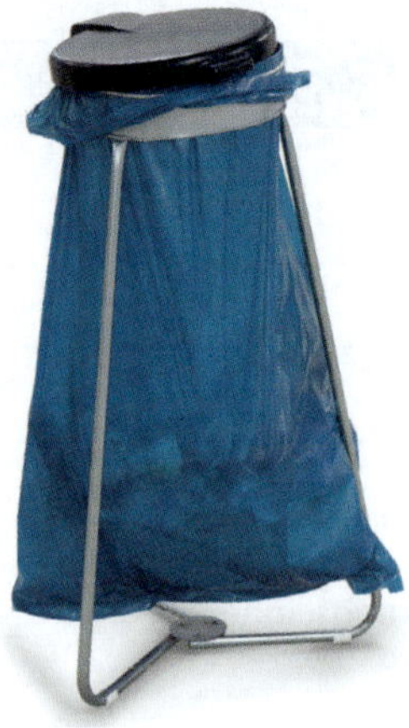		
G	H	I
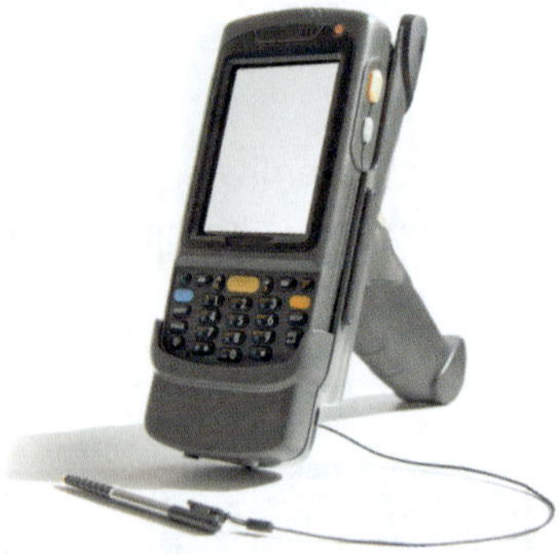		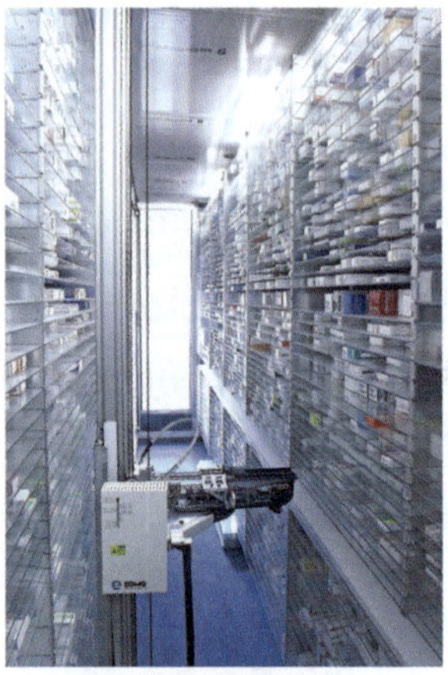

Arbeitsblatt 3: Kommissionierfehler

1. Nennen Sie vier typische Kommissionierfehler.

   -
   -
   -
   -

2. Nennen Sie zwei persönliche Ursachen für Kommissionierfehler.

3. Führen Sie zwei geeignete Schulungsmaßnahmen auf, die Kommissionierfehler reduzieren bzw. verhindern.

4. Nennen Sie drei wirtschaftliche Folgen von Kommissionierfehlern.

5. Begründen Sie den Wettbewerbsvorteil von wenigen Kommissionierfehlern.

Arbeitsblatt 4: Berechnungen zur Ermittlung von Kommissionierfehlern

1. Berechnen Sie die Fehlerquote beim Kommissionieren in %, wenn bei 300 Positionen 6 Positionen falsch kommissioniert wurden.

2. Berechnen Sie die Anzahl der Kommissionierfehler, wenn bei 5 600 Positionen 4 % Kommissionierfehler gemacht wurden.

3. Berechnen Sie in nachfolgender Tabelle die

- Fehlerquote pro Quartal in %,
- Anzahl der „Picks" pro Jahr,
- Anzahl der Kommissionierfehler pro Jahr sowie
- Fehlerquote pro Jahr in %.

Quartale	Anzahl der „Picks“	Anzahl der Kommissionierfehler	Fehlerquote in %
01.01. bis 31.03.	100	4	
01.04. bis 30.06.	80	2	
01.07. bis 30.09.	80	4	
01.10. bis 31.12.	40	1	
pro Jahr			

Arbeitsblatt 5: Informationssysteme

1. Ordnen Sie die Tätigkeiten „buchen“, „erfassen“, „aufbereiten“, „weitergeben“ und „quittieren“ den aufgeführten Beschreibungen sachgerecht zu.

Die Bestelldaten werden im „Real-Time-Modus“ oder für einen ganzen Tag gesammelt und dann stapelweise geordnet: ______________________.

Nach dem Eingeben der Bestelldaten im EDV-System wird festgestellt, ob Lieferbereitschaft besteht: ______________________.

Die Entnahme der zu kommissionierenden Ware wird nach jeder Entnahme oder nach Erledigung des gesamten Auftrages durch den Kommissionierer bestätigt: ______________________.

Dem Kommissionierer wird der Kommissionierauftrag schriftlich, beleglos im Online-Verfahren oder über ein infrarot- oder funkgesteuertes Kleinterminal mit Display übermittelt: ______________.

Beim beleghaften Kommissionieren kann das ______________ durch Eintragen in die Lagerfachkarte oder durch manuelle Eingabe der Warenentnahme in das Lagerverwaltungsprogramm erfolgen.

2. Nennen Sie vier Daten, die ein Kommissionierbeleg enthalten sollte.

____

____

3. Erläutern Sie zwei Nachteile, die beleghafte Kommissionierverfahren kennzeichnen.

____

____

____

____

____

____

____

____

____

4. Ergänzen Sie nachfolgende Tabelle mit den Kommissionierverfahren Pick-by-Light, beleghafte Kommissionierung, Pick-by-Voice, Pick-by-Scan. Ein Musterbeispiel ist bereits eingetragen.

Vorteile des Kommissionierverfahrens	Kommissionierverfahren
Die Organisation ist sehr einfach und ohne technischen Aufwand möglich.	beleghafte Kommissionierung
Bei diesem Verfahren sind beide Hände frei. Es können auch Handschuhe getragen werden.	
Die Quittierung erfolgt online, indem der Kommissionierer den Barcode der Ware scannt.	
Die Kommissionierleistung wird durch optische Signale erreicht und erhöht.	
Dieses Verfahren ist gegenüber Veränderungen in der Lagerorganisation am flexibelsten.	

5. Nennen Sie drei Nachteile des Pick-by-Voice-Verfahrens.

6. Welcher Unterschied besteht zwischen dem Offline- und Online-Verfahren?

Arbeitsblatt 6: Materialfluss-System

1. Der Materialfluss besteht aus fünf verschiedenen Arbeitsschritten und ist nachfolgend abgebildet. Vervollständigen Sie dieses Schaubild zum Materialfluss mit den folgenden Begriffen sachgerecht: Fortbewegung, Abgabe, Bereitstellung, Kontrolle, Entnahme

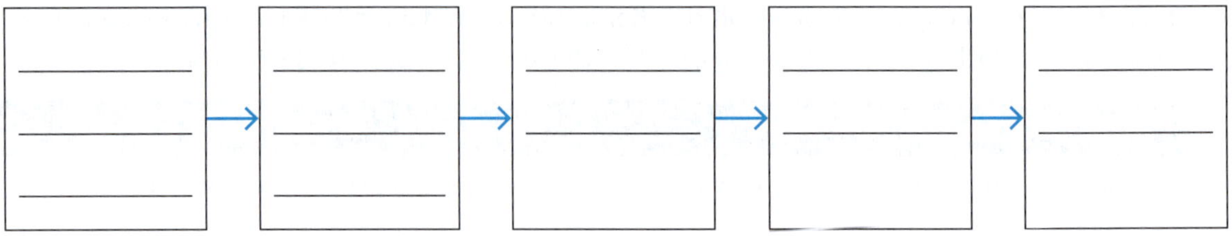

2. Es wird zwischen der statischen Bereitstellung (Mann zur Ware) und der dynamischen Bereitstellung (Ware zum Mann) unterschieden. Nennen Sie für jedes dieser Systeme drei geeignete Regalarten.

Mann zur Ware	Ware zum Mann

3. Führen Sie zwei Nachteile der statischen Bereitstellung auf.

4. Sortieren Sie die Begriffe eindimensionale Fortbewegung, zweidimensionale Fortbewegung und dreidimensionale Fortbewegung den Sachverhalten zu.

Sachverhalt	Begriff
Der Kommissionierer bewegt sich durch mehrere Regalgänge, ohne in die Höhe zu gehen.	
Der Kommissionierer bewegt sich durch mehrere Regalgänge und zusätzlich in die Höhe der Regale.	
Der Kommissionierer bewegt sich an einem einzigen Regal entlang.	

5. Erklären Sie den Unterschied zwischen zentraler und dezentraler Abgabe.

Zentrale Abgabe:

Dezentrale Abgabe: ______

______

______

6. Nennen und erklären Sie einen Vorteil und einen Nachteil der dezentralen Abgabe.

Vorteil: ______

______

Nachteil: ______

______

7. Erklären Sie zwei Möglichkeiten einer automatischen Kontrolle kommissionierter Ware.

______

______

______

______

______

______

______

______

Arbeitsblatt 7: Organisationssystem

1. Erklären Sie den Unterschied der nachfolgend abgebildeten Kommissioniermethoden A und B.

Kommissioniermethode A

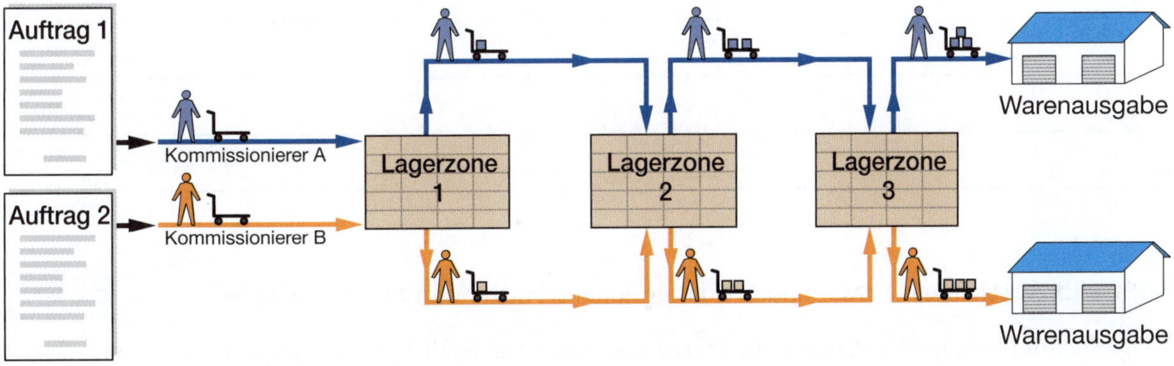

Kommissioniermethode B

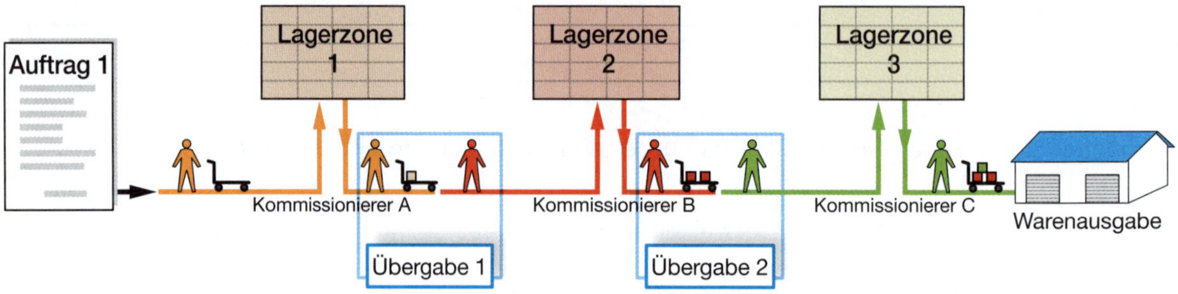

2. Welchen Vorteil hat die serienorientierte, parallele Kommissionierung?

3. Beschreiben Sie die Arbeitsabläufe in der ersten und zweiten Kommissionierstufe bei der serienorientierten, parallelen Kommissionierung.

4. Es wird zwischen ein-, zwei- und dreidimensionaler Fortbewegung unterschieden.

   a) Erklären Sie die eindimensionale Fortbewegung einschließlich zweier geeigneter Förderzeuge.

b) Führen Sie drei Vorteile auf, die eine zwei- und dreidimensionale Fortbewegung beim Kommissionieren haben.

____

____

____

____

Situation

Die Logo GmbH erhält vier Kundenaufträge, die nach der serienorientierten parallelen Kommissioniermethode zusammengestellt werden sollen. Die Lagerorte können aufgrund eines EDV-Ausfalls nur mithilfe einer Lagerliste mit Lagerorten ermittelt werden. Diese Liste der Lagerorte befindet sich auf den Seiten 106 f.

5. Tragen Sie die Lagerorte für die Bestellungen von Raffinger, Trube, Anmann und Eppe in die Spalte Lagerorte ein.

Bestellung von Raffinger			
Pos. Nr.	**Artikel**	**Menge**	**Lagerorte**
1	Antenne R-120	5	
2	Keilriemen T-51	8	
3	Zündkerze FH-12	2	
4	Kopfstütze S-30	1	
5	Scheibenwischer S-23	2	

Bestellung von Trube			
Pos. Nr.	**Artikel**	**Menge**	**Lagerorte**
1	Sicherheitsgurt K-2	8	
2	Zündkerze FH-9	2	
3	Keilriemen T-60	1	
4	Handschuhfach L-111	7	
5	Zahnriemen K-102	6	

Bestellung von Anmann			
Pos. Nr.	Artikel	Menge	Lagerorte
1	Kopfstütze S-50	7	
2	Antenne R-140	2	
3	Zündkerze FH-9	6	
4	Sicherheitsgurt K-3	5	
5	Zahnriemen K-101	9	

Bestellung von Eppe			
Pos. Nr.	Artikel	Menge	Lagerorte
1	Keilriemen T-52	4	
2	Kopfstütze S-50	2	
3	Tachometer G-7	6	
4	Handschuhfach L-121	3	
5	Sicherheitsgurt K-1	2	

6. Erstellen Sie für die Lagerzonen A, B und C jeweils einen Kommissionierauftrag.
Bitte beachten: Innerhalb der Kommissionieraufträge erfolgt die Sortierung nach **aufsteigenden** Lagerortnummern. Sollten mehrere Artikel mit gleicher Artikelbezeichnung bestellt sein, werden diese nur **einmal** notiert und **aufaddiert** in die Kommissionierliste eingetragen.

Kommissionierauftrag Lagerzone A			
Pos. Nr.	Artikelbezeichnung	Menge	Lagerort
1			
2			
3			
4			
5			
6			

Kommissionierauftrag Lagerzone B			
Pos. Nr.	Artikelbezeichnung	Menge	Lagerort
1			
2			
3			
4			
5			
6			

Kommissionierauftrag Lagerzone C			
Pos. Nr.	Artikelbezeichnung	Menge	Lagerort
1			
2			
3			
4			
5			
6			

Situation

Nachdem die Kommissionierungen der vorherigen Aufgabe erfolgt sind, erhalten Sie von Ihrem Logistikmeister die Lieferscheine zu den Eingängen des Artikels Zündkerze FH-9 in jeweils zeitlicher Reihenfolge. Die Entnahmen für den Kunden Trube und Anmann erfolgten am 06.06. mit der Materialentnahmescheinnummer (ME) 2536. Eine weitere Entnahme von 48 Zündkerzen FH-9 erfolgte am 18.06. laut ME 3451. Nach dem 28.06. erfolgten keine weiteren Ein- oder Ausgänge.

Lieferscheinnummer/Eingänge Zündkerze FH-9	Datum	erhaltene Stückzahl
L. Nr. 2888	02.06.	10
L. Nr. 6899	04.06.	13
L. Nr. 4256	16.06.	24
L. Nr. 1235	28.06.	9

7. Nachfolgend ist eine Lagerfachkarte abgebildet. Tragen Sie die Eingänge und Entnahmen des Monats Juni in die Lagerfachkarte ein. Der Monatsanfangsbestand ist bereits eingetragen. Berechnen Sie die Bestände zu den Eingängen und Entnahmen und tragen Sie diese in die Spalte „Bestand" ein.

Lagerfachkarte für Artikel Zündkerze FH - 9				
Datum	**Lieferscheinnummer oder Materialentnahmeschein-Nummer**	**Eingang**	**Ausgang**	**Bestand**
01.06.	Anfangsbestand	–	–	150
02.06.				

Lagerliste zu Aufgabe 5 – 7

Artikel	Lagerort	Artikel	Lagerort
Antenne R-100	A - 02 - 02 - 01	Zahnriemen K-100	B - 01 - 03 - 08
Antenne R-110	A - 02 - 02 - 02	Zahnriemen K-101	B - 01 - 03 - 09
Antenne R-120	A - 02 - 02 - 03	Zahnriemen K-102	B - 01 - 03 - 10
Antenne R-130	A - 02 - 02 - 04	Zahnriemen K-103	B - 03 - 03 - 01
Antenne R-140	A - 02 - 02 - 05	Sicherheitsgurt K-1	B - 03 - 03 - 02
Antenne R-150	A - 02 - 02 - 06	Sicherheitsgurt K-2	B - 03 - 03 - 03
Antenne R-160	A - 02 - 02 - 07	Sicherheitsgurt K-3	B - 03 - 03 - 04
Handschuhfach L-51	A - 02 - 02 - 08	Sicherheitsgurt K-4	B - 03 - 03 - 05
Handschuhfach L-61	A - 02 - 02 - 09	Zündkerze FH-8	C - 04 - 01 - 01
Handschuhfach L-71	A - 02 - 02 - 10	Zündkerze FH-9	C - 04 - 01 - 02
Handschuhfach L-81	A - 02 - 02 - 11	Zündkerze FH-10	C - 04 - 01 - 03
Handschuhfach L-91	A - 02 - 02 - 12	Zündkerze FH-11	C - 04 - 01 - 04
Handschuhfach L-101	A - 02 - 02 - 13	Zündkerze FH-12	C - 04 - 01 - 05
Handschuhfach L-111	A - 02 - 02 - 14	Zündkerze FH-13	C - 04 - 01 - 06
Handschuhfach L-121	A - 02 - 02 - 15	Tachometer G-3	C - 04 - 01 - 07
Kopfstütze S-10	A - 02 - 03 - 01	Tachometer G-4	C - 04 - 01 - 08
Kopfstütze S-20	A - 02 - 03 - 02	Tachometer G-5	C - 04 - 01 - 09
Kopfstütze S-30	A - 02 - 03 - 03	Tachometer G-6	C - 04 - 01 - 10

Artikel	Lagerort	Artikel	Lagerort
Kopfstütze S-40	A - 02 - 03 - 04	Tachometer G-7	C - 04 - 01 - 11
Kopfstütze S-50	A - 02 - 03 - 05	Keilriemen T-50	C - 05 - 01 - 12
Kopfstütze S-60	A - 02 - 03 - 06	Keilriemen T-51	C - 05 - 01 - 13
Kopfstütze S-70	A - 02 - 03 - 07	Keilriemen T-52	C - 05 - 01 - 14
Scheibenwischer S-20	B - 01 - 03 - 01	Keilriemen T-53	C - 05 - 01 - 15
Scheibenwischer S-21	B - 01 - 03 - 02	Keilriemen T-54	C - 05 - 01 - 16
Scheibenwischer S-22	B - 01 - 03 - 03	Keilriemen T-55	C - 05 - 01 - 17
Scheibenwischer S-23	B - 01 - 03 - 04	Keilriemen T-56	C - 05 - 01 - 18
Scheibenwischer S-24	B - 01 - 03 - 05	Keilriemen T-57	C - 05 - 01 - 19
Scheibenwischer S-25	B - 01 - 03 - 06	Keilriemen T-58	C - 05 - 01 - 20
Scheibenwischer S-26	B - 01 - 03 - 07	Keilriemen T-59	C - 05 - 01 - 21
Scheibenwischer S-27	B - 01 - 03 - 08	Keilriemen T-60	C - 05 - 01 - 22

Arbeitsblatt 8: Wegstrategien beim Kommissionieren

1. Nachfolgend ist der Ablauf einer mobilen Kommissionierung mit Barcode beschrieben. Strukturieren Sie diesen Ablauf, indem Sie die Arbeitsschritte in eine sinnvolle Reihenfolge bringen. Der erste Arbeitsschritt ist bereits mit der Ziffer 1 korrekt bezeichnet.

Reihenfolge	Ablauf einer mobilen Kommissionierung mit Barcode
	Der Anwender begibt sich zum Lagerplatz und scannt den angebrachten Lagerplatz-Barcode ein. Das Terminal führt eine Plausibilitätsprüfung durch, um den Anwender akustisch und visuell darüber zu informieren, falls ein falscher Lagerplatz angelaufen wurde.
1.	Ein Auftraggeber lädt neue Kommissionieraufträge auf das Datenterminal oder bekommt die Informationen automatisch (online) übertragen.
	Wird ein neuer Kommissionierbehälter erforderlich, so wird dieser ebenfalls wieder gescannt. Diese Schritte wiederholt der Anwender, bis alle Positionen gepickt sind. Abschließend meldet er die IST-Daten per Funk oder PC zurück an das führende System.
	Der Anwender nimmt einen leeren Kommissionierbehälter und scannt diesen ein, um den Kommissionierbehälter und den Auftrag zu „verheiraten“.
	Um die Entnahmemenge zu erfassen, kann entweder die Vorgabemenge per Entertaste bestätigt oder per Tastatur eingeben werden. Die höchste Sicherheit bietet jedoch das Scannen der einzelnen Artikel. Auch hier wird auf Plausibilität geprüft. Meistens wird eine Untermenge akzeptiert, eine Übermenge jedoch abgelehnt.
	Wichtige Informationen wie Quell-Lagerplatz, Zielort, Artikel, Chargennummer und Stückzahl werden dem Anwender unmittelbar angezeigt.
	Der kommissionierte Artikel wird ebenfalls gescannt. Auch hier findet eine sofortige Prüfung statt.

2. Erklären Sie die Stichgangsstrategie.

3. Erklären Sie die Rundgangs- und Schleifenstrategie.

4. Erklären Sie die Multi-Picking-Order.

Arbeitsblatt 9: Kommissionierzeiten

1. Ordnen Sie die nachfolgenden Kommissionierzeiten den Sachverhalten zu: Basiszeit, Wegzeit, Greifzeit, Totzeit, persönliche Verteilzeit, sachliche Verteilzeit.

Tätigkeit	Kommissionierzeit
zu den Lagerplätzen gehen	
die zu entnehmende Ware aus dem Regalfach entnehmen	
sich mit dem Arbeitskollegen über die Bundesligaergebnisse unterhalten	
die Kommissionierbelege vor dem Arbeitsgang sortieren	
einen Anbruch bilden	
warten auf einen freien Kommissionierwagen	

2. Nennen Sie jeweils eine Maßnahme, um die nachfolgenden Kommissionierzeiten zu verkürzen.

Kommissionierzeit	Maßnahme zur Verkürzung der Kommissionierzeit
Wegzeit	

Kommissionierzeit	Maßnahme zur Verkürzung der Kommissionierzeit
Greifzeit	
persönliche Verteilzeit	
Basiszeit	
Totzeit	
sachliche Verteilzeit	

Arbeitsblatt 10: Kennzahlen zur Ermittlung der Kommissionierleistung

1. Berechnen Sie die Kommissionierkosten je Position, wenn die Betriebskosten pro Stunde 150 EUR betragen und die Kommissionierleistung pro Stunde 300 Positionen beträgt.

2. Ermitteln Sie die Kommissionierkosten pro Position, wenn die Betriebskosten pro Stunde 1 232,00 EUR betragen und eine Kommissionierleistung von 7 700 Positionen pro Stunde erreicht wird.

3. Berechnen Sie die durchschnittliche Anzahl der Kommissionierpositionen pro Auftrag bei 4 500 Aufträgen und 90 000 Positionen.

4. Ermitteln Sie bei nachfolgender Datenlage die Kommissionierkosten pro Auftrag: 4 200 Kommissionieraufträge mit Gesamtkosten von 92 000,00 EUR.

5. Begründen Sie, wann Kennzahlen zur Kommissionierleistung Aussagekraft besitzen.

Situation

Als Fachkraft für Lagerlogistik sollen Sie Waren innerhalb des eigenen Lagers umlagern. Ihr Betrieb arbeitet an 260 Tagen im Jahr mit **insgesamt** zwölf Arbeitsstunden täglich, also zweimal sechs Stunden, im Zweischichtbetrieb.

6. Ihnen liegt folgende Tabelle vor:

	A	B	C	D	E	F	G	H
1		Anzahl der Picks quartalsweise aufgelistet						
2	Art.-Nr.	Quartal 1	Quartal 2	Quartal 3	Quartal 4	Picks pro Jahr	Picks pro Tag	Picks pro Arbeitsstunde
3	Artikel A	14 600	15 600	16 000	16 200			
4	Artikel B	13 040	15 040	14 140	13 940			
5	Artikel C	15 160	19 100	17 160	17 220			
6	Artikel D	12 580	12 380	11 680	13 280			
7	Artikel E	17 720	19 720	18 520	18 920			
8	XXXXXXXXXXXXXXXXXXXXXXXXXXXXXXXXXXXX							

a) Ermitteln Sie die Anzahl der zu kommissionierenden Artikel (Picks) pro Jahr, pro Tag und pro Stunde für die Artikel A bis Artikel E und tragen Sie diese Werte in die nachfolgende Tabelle ein.
b) Berechnen Sie die Gesamtanzahl der Picks pro Jahr und tragen Sie diesen Wert in das Feld F8 ein.
c) Berechnen Sie die Gesamtanzahl der Picks pro Tag und tragen Sie diesen Wert in das Feld G8 ein.
d) Berechnen Sie die Gesamtanzahl der Picks pro Arbeitsstunde und tragen Sie diesen Wert in das Feld H8.
e) Wie lautet die Formel der Tabellenkalkulation zur Berechnung des Feldes F3?

f) Wie lautet die Formel der Tabellenkalkulation zur Berechnung des Feldes H5?

g) Bisher wurden die Waren wie in nachfolgender Abbildung 1 gelagert. Lagern Sie aufgrund der Datenlage aus der Tabelle die Ware um. Die Waren mit einer höheren Pickzahl pro Stunde sollen näher am Versandplatz/Ein- und Auslagerungsort gelagert werden, Artikel mit geringerer Pickzahl entsprechend weiter weg. Tragen Sie hierzu Ihre Lösung jeweils in die Abbildung 2 ein.

Abbildung 1

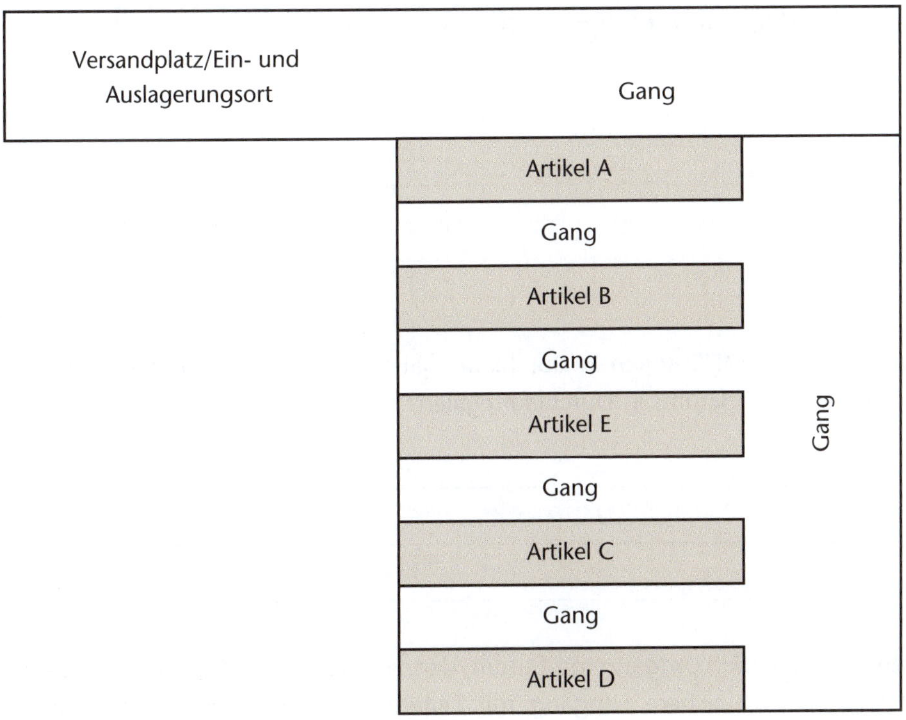

Abbildung 2

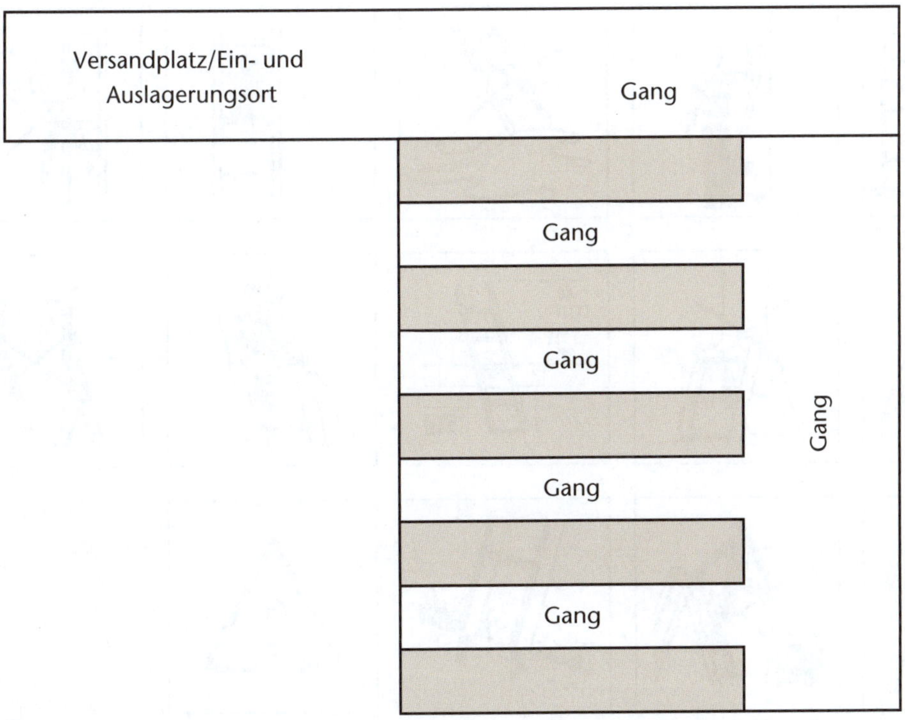

7. Eine Autobahntankstelle möchte zu den bereits vorhandenen Autoersatzteilen auch ein separates Kommissionierlager für Reiseproviant einrichten. Es wird mit einem Warenumschlag von 200 Europaletten pro Tag gerechnet, die alle ein MHD (Mindesthaltbarkeitsdatum) haben und sich auf vier Artikelgruppen verteilen: 5 % der Paletten sind Erfrischungsgetränke, 15 % der Paletten sind Süßwaren, 20 % sind Snacks und der Rest Mitnahmeartikel. Alle eingesetzten Europaletten haben ein Eigengewicht von je 15 kg.

a) Wie viele Paletten werden pro Artikelgruppe umgeschlagen?

b) Die Mitnahmeartikel mit MHD sollen in Durchlaufregalen gelagert und kommissioniert werden. Welche Vorteile hat die Lagerung in Durchlaufregalen?

8. Kommissionieren beinhaltet den Umgang mit Leitern, denn es muss auch Ware aus höheren Regalen kommissioniert werden. Der sichere Umgang mit Leitern ist Voraussetzung für einen sicheren Arbeitsplatz und will gelernt sein. Ordnen Sie nachfolgende Gefahrenhinweise den abgebildeten Symbolen zu.

a) Auf dem Erdboden sind sogenannte Erdspitzen zu verwenden, die tiefer in den Boden reichen.

b) Bei mehrteiligen Leitern (herausziehbar) müssen die Einrichtungen zum Einrasten vorhanden sein und verwendet werden.

c) Anlegeleitern dürfen nicht an unsicheren Punkten wie Stangen oder Glasscheiben angelehnt werden.

d) Wenn begehbare Leitern beidseitig benutzbar sind, darf die oberste Sprosse nicht bestiegen werden.

e) Bei Arbeiten auf Leitern darf man sich nicht seitlich hinauslehnen.

f) Leitern müssen auf rutschsicheren Böden aufgestellt werden.

g) Bei Stehleitern sind die Spreizvorrichtungen immer gespannt zu halten.

h) Die maximale Belastung von 150 kg je besteigbarem Leiterschenkel ist einzuhalten.

i) Leitern nach der „Ellenbogenprobe" im richtigen Winkel anlehnen.

j) Leitern sind im sicheren Abstand von elektrischen Freileitungen aufzustellen, um Berührungen zu vermeiden.

k) Von Stehleitern aus nicht auf höher gelegene Bühnen oder Plätze steigen.

l) Bei Mehrzweckleitern ist die fünftoberste die letzte zulässige Standsprosse. Bei Anlegeleitern ist es die viertoberste Sprosse.

m) Anlegeleitern müssen mindestens einen Meter höher sein als das zu besteigende Objekt.

n) Schadhafte Leitern und Tritte sind nicht zu benutzen.

____

____

Lernfeld 6

Güter verpacken

Arbeitsblatt 1: Fachbegriffe aus dem Verpackungsbereich

1. Ordnen Sie die folgenden Beispiele den vorgegebenen Fachbegriffen in der Tabelle zu.
Beispiele: Holzkiste mit Ersatzteilen, Schachtel ohne Inhalt, Klebeband, leerer Joghurtbecher, Holz, unverpackte Ersatzteile.

Fachbegriff	Beispiel (jeweils nur 1 Beispiel)
Packmittel	
Packhilfsmittel	
Packstoff	
Packgut	
Packstück	
Verkaufsverpackung	

2. Ergänzen Sie den Text, indem Sie den fehlenden Fachbegriff einsetzen.

a) Packmittel + Packhilfsmittel = ____________________

b) Packgut + Verpackung = ____________________

3. Wodurch unterscheiden sich folgende Begriffe?

a) **Einweg- und Mehrwegverpackung**

Einwegverpackung: ____________________

____

Mehrwegverpackung: ____________________

____

b) **Packmittel und Packstoff**

Packmittel: ____________________

____

Packstoff: ____________________

____

4. Prüfen Sie die Richtigkeit der folgenden Aussagen (Zutreffendes ankreuzen).

a) Karton und Schachtel sind das Gleiche. ☐ richtig ☐ falsch

b) Paletten und Gitterboxen sind Packmittel. ☐ richtig ☐ falsch

c) Eine Schachtel kann auch eine Umverpackung sein. ☐ richtig ☐ falsch

d) Kisten sind Packhilfsmittel. ☐ richtig ☐ falsch

Arbeitsblatt 2: Funktionen der Verpackung

1. Tragen Sie die fünf wichtigsten Funktionen der Verpackung **farbig** in die Tabelle ein und erklären Sie die jeweilige Funktion kurz mit eigenen Worten.

Funktion (farbig)	Erklärung

2. Welche Funktion erfüllt die Verpackung bei den folgenden Beispielen? Nennen Sie jeweils eine Funktion.

a) Abgepackte Ware kann nicht verschmutzt oder verunreinigt werden.

___

b) Auf einer Schachtel befindet sich dieses Symbol: 

c) Ein Lkw ist 2,45 m breit. Das ermöglicht die Verladung von genau zwei Euroflachpaletten nebeneinander.

d) Durch das Stapeln von Gitterboxen kann im Lager viel Platz gespart werden.

e) Auf der Verpackung befindet sich ein Code, der an der Supermarktkasse schnell gescannt werden kann.

f) Durch Verwendung von Gitterboxen wird die empfindliche Ware nicht beschädigt.

Arbeitsblatt 3: Beanspruchung der Verpackung

1. Welche Kräfte (mechanische Beanspruchung) können auf Verpackungen einwirken? Nennen Sie drei.

a)

b)

c)

2. Welcher mechanischen Beanspruchung (Kraft) wird jeweils durch folgende Maßnahmen vorgebeugt?

a) Zerbrechliche Ware wird in Gitterboxpaletten transportiert.

b) Große Packstücke werden auf der Lkw-Ladefläche durch Holzkeile und Spanngurte gesichert.

c) Die Schachteln auf einer Flachpalette werden für den Transport mit Stretchfolie umwickelt.

d) Schwere Packstücke werden unten, leichte Packstücke darüber gelagert.

3. Welcher Beanspruchung bzw. Gefahr wird bei diesen Sicherungsmaßnahmen auf einem Lkw in nebenstehender Abbildung vorgebeugt?

4. Wie kann man der Beanspruchung der Verpackung durch folgende Gefahren entgegenwirken?

a) Diebstahlgefahr

-
-

b) Feuchtigkeit/Nässe

-
-

c) Druck

-
-

d) Fall

-
-

Arbeitsblatt 4: Vorsichtsmarkierungen auf der Verpackung

1. Aus welchen drei wichtigen Teilbereichen besteht eine ordnungsgemäße Markierung?

a)

b)

c)

2. Nennen Sie drei Einzelpunkte, die eine Markierung von Packstücken nach DIN enthalten soll.

a)

b)

c)

3. Geben Sie für folgende Bildzeichen/Symbole die jeweilige Bezeichnung an (ohne Erklärung).

a) 

____

____

b) 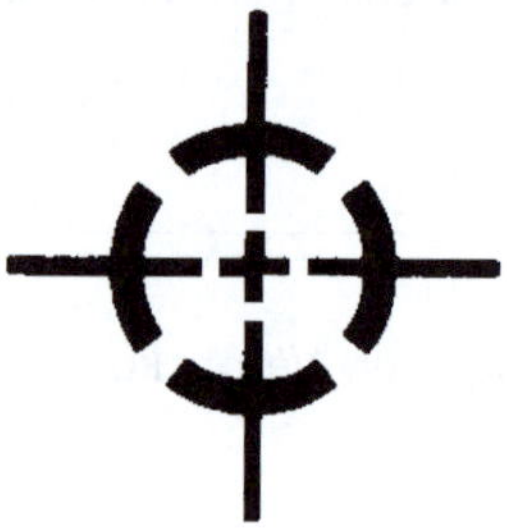

____

____

c) 

____

____

d) 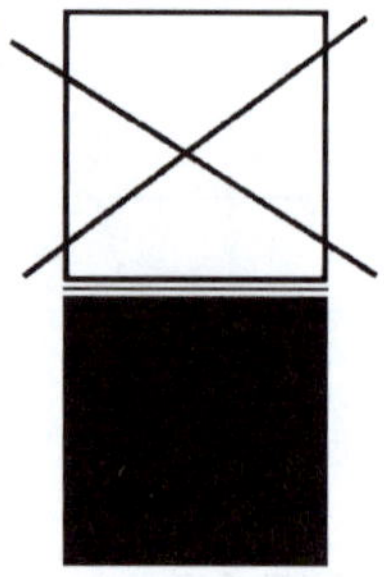

____

____

e) 

____

____

f) 

____

____

4. Zeichnen Sie die Bildzeichen/Symbole für folgende Bezeichnungen (von Markierungen).

a) Oben

b) Vor Nässe schützen

c) Zerbrechliches Gut

Arbeitsblatt 5: Packmittelarten

1. Nennen Sie jeweils zwei Beispiele zu folgenden Arten von Packmitteln:

a) Packmittel aus Holz:

____

____

b) Packmittel aus Kunststoff:

____

____

c) geschlossenes Packmittel:

d) Einwegpackmittel:

2. Welche Arten von Packmitteln treffen auf folgende Beispiele zu?

Beispiele	nach Material	nach Bauweise	nach Verwendungshäufigkeit
Euroflachpalette			
einfache Schachtel			
Weinflasche			

Arbeitsblatt 6: Packmittel aus Holz

1. Welche Vorteile bieten Packmittel aus Holz? Nennen Sie zwei.

a)

b)

2. Welche Bedeutung hat das folgende Symbol bei Holzpackmitteln?

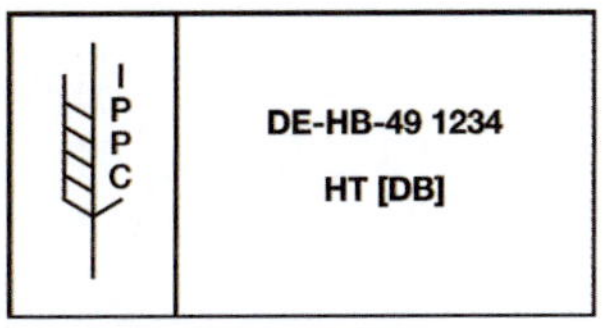

3. Welches **Holzpackmittel** empfehlen Sie für den Transport folgender Waren?

a) zerbrechliche Ware, die nicht nass werden darf:

b) sehr schwere, große Maschine, die nass werden darf:

c) vorverpackte Ersatzteile, wenn das leere Packmittel platzsparend sein soll wegen der Rücksendung:

d) stapelbare, unempfindliche Betonsteine (20 × 40 cm)

____

Arbeitsblatt 7: Packmittel aus Karton bzw. Pappe

1. Warum sind Karton und Schachtel fachbegrifflich nicht das Gleiche?

Karton = ______________________________

____

Schachtel = ______________________________

____

2. Welche zwei Unterarten gibt es bei Pappe? Geben Sie dazu jeweils eine kurze Beschreibung.

a) ______________________________

____

b) ______________________________

____

3. Skizzieren Sie eine zweiwellige, mehrseitig beklebte Wellpappe mit unterschiedlich hohen Wellen.

4. Wie bezeichnet man folgende Packmittel aus Wellpappe?

a) Es wird flach zusammengelegt geliefert und kann schnell aufgerichtet werden zu einem befüllbaren Packmittel:

____

b) Es hat ein sehr großes Volumen (bis 1 m^3), ist unterfahrbar und relativ leicht:

____

c) Eine Schachtel, die im Innern eine Ausstattung zum Befestigen des Packguts hat:

____

5. Welche Vorteile haben Packmittel aus Wellpappe? Nennen Sie vier.

a) ______________________________

____

b) ______________________________

____

c) ______________________________

____

d) ______________________________

____

6. Prüfen Sie die Richtigkeit der folgenden Aussagen (Zutreffendes ankreuzen):

a) Karton ist eine kleine Schachtel. ☐ richtig ☐ falsch

b) Wellpappe ist zusätzlich auch noch stoßdämpfend. ☐ richtig ☐ falsch

c) Rollenwellpappe ist eine einwellige Wellpappe. ☐ richtig ☐ falsch

Arbeitsblatt 8: Packmittel aus Kunststoff oder Metall

1. Welche der folgenden Fachbegriffe trifft auf (leere) Transportbehälter aus Kunststoff im Allgemeinen zu?

Fachbegriffe zur Auswahl: Packmittel, Packhilfsmittel, Packstoff, Packstück, Packgut, Versandverpackung, Einwegverpackung, Verkaufsverpackung

Zutreffende Fachbegriffe: ______________________________

2. Welche Vorteile bieten Packmittel aus Kunststoff/Metall? Nennen Sie zwei.

a) ______________________________

____

b) ______________________________

____

3. Welches Packmittel aus Kunststoff/Metall ist mit folgender Umschreibung gemeint?

Umschreibung	Packmittel (Bezeichnung)
Behälter, dessen Maße auf die Europalette abgestimmt sind	
Behälter, der nach einer Drehung ineinander gestellt werden kann	
zusammenlegbarer Behälter (im geleerten Zustand)	
Behälter, der auf zwei kleinere Behälter gestapelt werden kann	

4. Welche Größe (L × B) muss eine Eurobox haben, damit acht Boxen genau auf eine Euroflachpalette (in einer Ebene) passen?
Skizzieren Sie die Palette, tragen Sie die acht Euroboxen ein und stellen Sie die Maße einer Eurobox fest.

Skizze:

Maße einer Box (L × B): ____________________

5. Wodurch unterscheiden sich Blister- und Skinverpackungen?

Blister: ____________________

____

Skin: ____________________

____

Arbeitsblatt 9: Paletten

1. Bezeichnen Sie die beschriebenen Paletten in der folgenden Übersicht.

Beschreibung der Palette	Bezeichnung
Palette ohne Aufbau	
Palette, die von allen Seiten unterfahrbar ist	
Palette, die nur einmal verwendet wird	
Palette, die tauschbar ist und genormte Maße hat	
Palette mit Stützen an den vier Ecken	
Palette mit einem Aufbau aus Baustahlgitter	
Palette aus Naturholz mit den Maßen 1200 x 800 x 144 mm	

2. a) Aus welchem Material können Flachpaletten bestehen? Nennen Sie drei Materialien.

____

____

b) Welches Material wird in der Praxis am häufigsten verwendet?

____

c) Aus welcher Holzart besteht eine Inka-Palette?

____

3. Bei der Stapelung von Schachteln auf einer Flachpalette hat man im Allgemeinen die Wahl zwischen zwei verschiedenen Stapelarten. Skizzieren Sie zweimal die Stapelung von rechteckigen, länglichen Schachteln jeweils in vier Lagen und bezeichnen Sie darunter die Art der Stapelung.

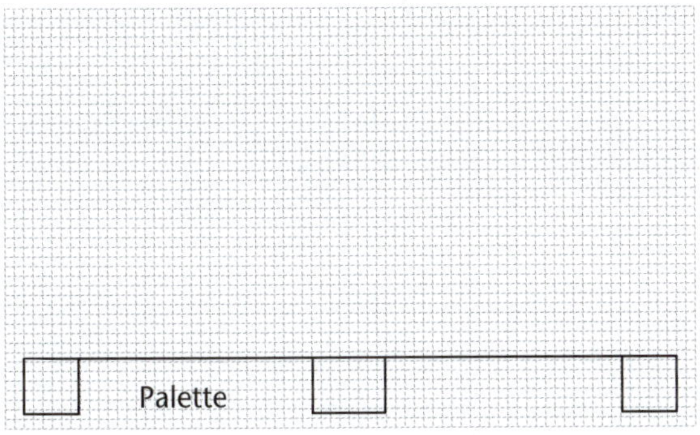

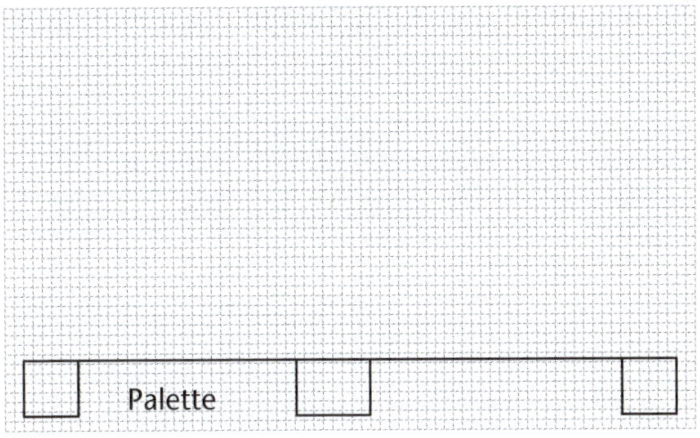

______________________________ ______________________________

4. Wie können die Schachteln auf einer Flachpalette vor dem Herunterfallen gesichert werden? Nennen Sie drei Möglichkeiten.

a) ______________________________

____

b) ______________________________

____

c) ______________________________

____

5. In einem Industriebetrieb sollen beim Transport auch Euroflachpaletten eingesetzt werden.
Dazu werden verschiedene Überlegungen angestellt.

Euroflachpalette

a) Passen die Paletten auch gut auf die Firmen-Lkws?
Maße der Firmen-Lkws: Breite (innen) 2,45 m, Länge (innen) 9,80 m, Höhe (innen) 2,20 m.
Nehmen Sie dazu Stellung (**Maße** der Palette sowie Beladung in **Breite**, **Länge** und **Höhe** angeben).

b) Wie schwer ist das Gesamtgewicht der Ladung in Tonnen, wenn der in a) genannte Lkw maximal beladen wird mit zwei Paletten übereinander und die Paletten mit dem maximal zulässigen Gewicht beladen werden? Das durchschnittliche Gewicht einer leeren Palette beträgt 25 kg.

c) Welche besonderen Vorteile bieten Europaletten gegenüber gewöhnlichen Paletten? Nennen Sie zwei.

d) Wodurch kann man Euroflachpaletten von den gewöhnlichen Flachpaletten gleicher Größe unterscheiden? Erklären Sie den Unterschied.

6. In der Versandlogistik eines Industriebetriebs, der Ölfilter für Fahrzeuge herstellt, wird über die Umstellung von Flachpaletten auf Gitterboxpaletten diskutiert.

Gitterbox

a) Nennen Sie jeweils zwei Vor- und Nachteile der Gitterboxen.

Vorteile von Gitterboxen:

- ______________________________
- ______________________________

____

Nachteile von Gitterboxen:

- ______________________________
- ______________________________

b) Bei der Diskussion über die Umstellung ist auch die Einführung von Eurogitterboxen ein Thema. Dazu gibt es noch verschiedene Unklarheiten.

- Passen die Filterschachteln genauso in die Eurogitterboxen wie auf eine Euroflachpalette?

____
____
____

- Wie viele Gitterboxen können maximal übereinander gestapelt werden, wenn die Auflast bei der Eurogitterbox 6 000 kg beträgt?

____
____
____

- Wie viele Filterschachteln der Größe 30 × 20 × 15 cm (L × B × H) passen maximal in eine Eurogitterbox?

Länge: ______________________________

Breite: ______________________________

Höhe: ______________________________

gesamt: ______________________________

c) Wie sehen Eurogitterboxpaletten aus und woran kann man sie erkennen? Nennen Sie drei Merkmale.

- ______________________________
- ______________________________
- ______________________________

7. Welchen Vorteil bietet

   a) eine Vollwandpalette gegenüber einer Gitterboxpalette?

   ____

   ____

   b) eine Rungenpalette gegenüber einer Gitterboxpalette?

   ____

   ____

Arbeitsblatt 10: Container

1. Größe von Containern

   a) In welcher Maßeinheit werden Frachtcontainer gemessen, wie lautet das Zeichen für diese Maßeinheit und wie vielen Metern entspricht dies?

   Maßeinheit: ______________

   Zeichen der Maßeinheit: ______________

   Die Maßeinheit entspricht ______________ m.

Container

   b) Ein häufig verwendeter Container ist (umgerechnet) 12,19 m lang. Wie bezeichnet man einen solchen Container nach der Größe?

   ____

   c) Warum werden Container nicht in Metern gemessen?

   ____

   ____

2. Ein Seecontainer hat eine Innenbreite von 2,33 m.

   a) Welche Problematik ergibt sich dadurch bei der Verwendung von Europaletten?

   ____

   ____

   b) Wie kann die Beladung eines Seecontainers mit Paletten optimal erfolgen?

   ____

   ____

3. Ein 40′-Seecontainer (Standardcontainer) mit den Innenmaßen 12,00 × 2,33 × 2,35 m (L × B × H) soll mit großen Wellpappe-Boxen beladen werden. Die Maße der Wellpappe-Boxen betragen 150 × 115 × 110 cm (L × B × H). Die Beladung erfolgt in zwei Ebenen/Lagen. Wie viele Wellpappe-Boxen passen maximal in diesen Container?

Länge:	
Breite:	
Höhe:	
gesamt:	

4. Wie bezeichnet man folgende Containerarten?

Beschreibung	Containerart
Container, der weltweit einheitlich genormt ist	
geschlossener Container mit Türen an der Stirnseite	
geschlossener Container mit Füllöffnungen für Schüttgut	
Container, der auf Europalettenmaße abgestimmt ist	
geschlossener Container mit abnehmbarem Stahldach	

Arbeitsblatt 11: Packhilfsmittel

1. Wodurch unterscheidet sich ein Packhilfsmittel von einem Packmittel?

____

____

2. Welche vier Arten von Packhilfsmitteln kann man unterscheiden?

a) ____

b) ____

c) ____

d) ____

3. Die Versandabteilung wünscht eine größere Auswahl an Packhilfsmitteln zum Schutz vor mechanischen Einwirkungen wie Druck, Stoß, Kratzern usw. Schlagen Sie jeweils drei Beispiele vor aus folgendem Material:

a) Papier/Pappe: ____

____

b) Kunststoff: ____

____

4. Betrachten Sie die folgenden Abbildungen.

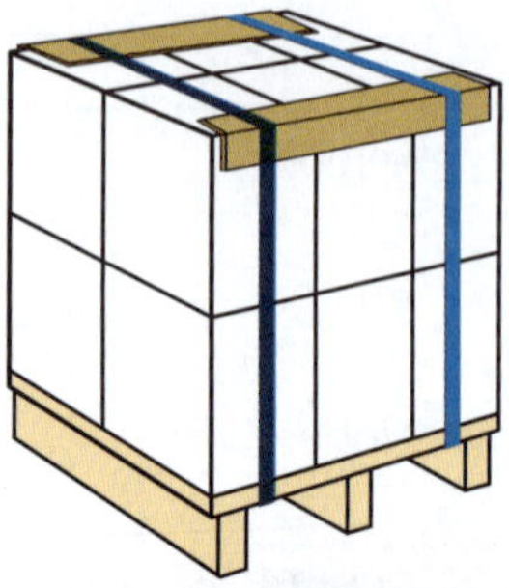

a) Welche zwei Packhilfsmittel finden hier Anwendung?

____

____

b) Welche Folie wird hier verwendet?

____

Beschreiben Sie diese Folie hinsichtlich Beschaffenheit und Verarbeitung.

Beschaffenheit: ______________________________

Verarbeitung: ______________________________

____

5. Wofür werden folgende Packhilfsmittel benötigt?

a) Trockenmittel: ______________________________

____

b) Stegeinsätze: ______________________________

____

c) Zwischenlagen: ______________________________

____

d) Airbag (Staupolster): ______________________________

____

6. Welche der folgenden Packhilfsmittel sind wiederverwendbar? Zutreffendes bitte ankreuzen.

Packhilfsmittel	wiederverwendbar	nicht wiederverwendbar
Umreifungsbänder		
Verpackungschips		
Packpapier		
Stretchfolie		

7. Nennen Sie jeweils zwei Beispiele von Packhilfsmitteln, die folgende Aufgaben erfüllen können:

a) Schutz des Packguts vor Feuchtigkeit/Nässe: ______________________

____

b) Schutz des Packguts vor Druck und Stoß: ______________________

____

c) Verschließen des Packmittels: ______________________

____

d) Kennzeichnen des Packstücks: ______________________

____

8. Ordnen Sie folgende Beispiele den verschiedenen Arten von Packhilfsmitteln zu:

Beispiel	Art des Packhilfsmittels (Schutz-, Füll-, Verschließ-, Kennzeichnungsmittel)
Klebeband	
VCI-Mittel	
Kippindikator	
Luftpolsterkissen	
Stretchfolie	
Kantenschutzstreifen	
Zwischenlagen	
Umreifungsband	
Verpackungschips	

9. Um welche Packhilfsmittel handelt es sich bei folgenden Abbildungen?

a)

b)
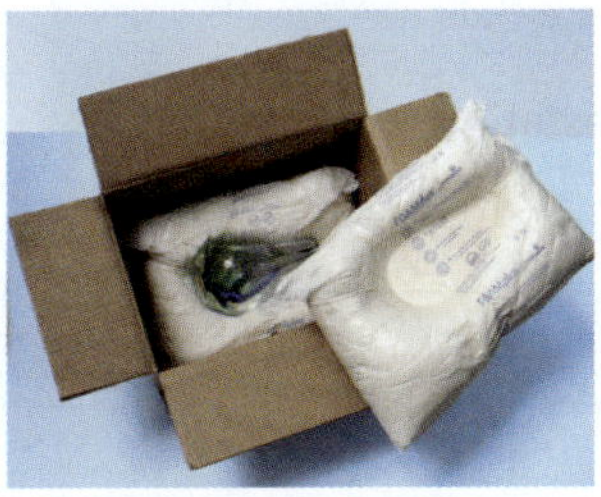

a) ______________________

____

b) ______________________

____

c)
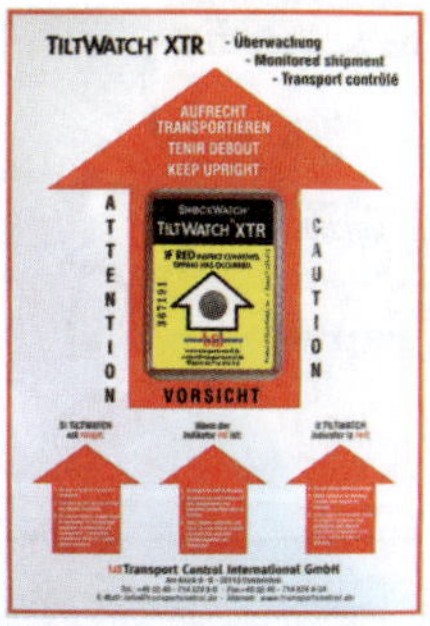

d)

c) ______________________

____

d) ______________________

Arbeitsblatt 12: Verpackungsvorgang

1. Was ist alles notwendig, um etwas verpacken zu können? Verwenden Sie Fachbegriffe.

____

____

2. Welche Gegenstände kann/soll ein Packtisch enthalten? Zutreffendes bitte ankreuzen.

Gegenstand	**Ja**
Messer, Schere	☐
Flachpalette	☐
Magazin für zusammengelegte Faltschachteln	☐
Abroller für Rollenwellpappe	☐
Klebeband	☐
Kommissionierboxen	☐
Zählwaage	☐
Umreifungsgerät	☐
Etikettenspender	☐

3. Was leisten bzw. machen folgende Verpackungsmaschinen?

a) automatische Schachtel-Aufrichtmaschine

____

____

b) automatische Folienschrumpfanlage

____

____

____

____

c) automatische Palettenumladestation

____

____

4. Wie bezeichnet man folgende Arbeitsgeräte/Maschinen beim Verpacken?

a) 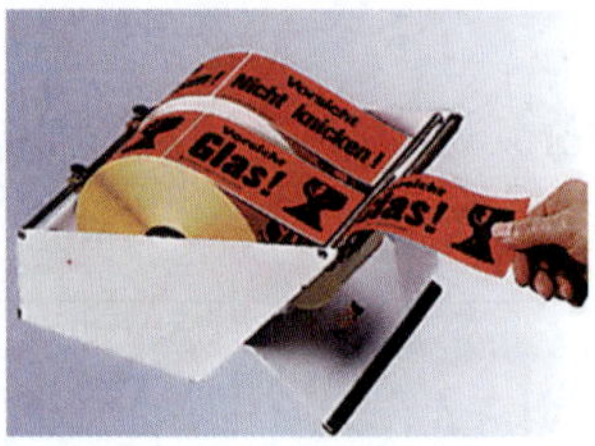

b) 

c) 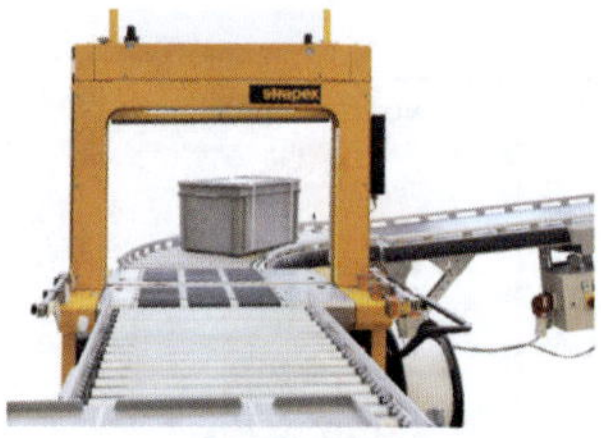

______________________ ______________________ ______________________

______________________ ______________________ ______________________

Arbeitsblatt 13: Kosten der Verpackung

1. Prüfen Sie die folgende Rechnung auf ihre Richtigkeit hinsichtlich der Verpackungskosten. Kaufvereinbarung: **Preis 2,50 EUR je kg einschließlich Verpackung.** Korrigieren Sie fehlerhafte Beträge und tragen Sie die richtigen Beträge daneben ein.

Ware	500 kg netto	1 250,00 EUR
Verpackung	20 kg	50,00 EUR
Nettobetrag		1 300,00 EUR
19 % Mwst.		247,00 EUR
Rechnungsbetrag		1 547,00 EUR

2. Wer (Käufer oder Verkäufer) hat folgende Kostenbeispiele zu tragen? Zutreffendes bitte ankreuzen.

Kostenbeispiel	Käufer	Verkäufer
Kosten für das Abfüllen der Ware in Tüten		
Kosten für Umreifungsbänder		
Kosten für Einwegpaletten zur Lieferung der Ware an den Käufer		
Kosten für die Blisterverpackung		
Kosten für die Stretchfolie (Umverpackung)		
Kosten für Euroboxen (Versandverpackung)		

3. Welche Vereinbarungen über die Verpackungskosten können in einem Kaufvertrag vereinbart werden? Nennen Sie drei.

a) ______________________________

b) ______________________________

c) ______________________________

4. Berechnen Sie den Gesamtpreis (einschließlich Mwst.) für den Käufer, wenn **keine vertraglichen Vereinbarungen** getroffen wurden.

Preis der Ware: 12,00 EUR je kg (ohne Mwst.)
Nettogewicht der Ware: 400 kg
Gewicht der Verpackung: 30 kg
Kosten der Versandverpackung: 50,00 EUR (ohne Mwst.)

Arbeitsblatt 14: Verpackungen für gefährliche Stoffe/Güter

1. Ordnen Sie folgende Beispiele den neun Gefahrgutklassen zu und beschreiben Sie kurz die Gefahr.

Beispiel	Nr. der Klasse	kurze Beschreibung
Schwefelsäure		
Feuerwerkskörper		
Farben/Lacke		
Asbest		
Propangas		

2. Symbole für Gefahrgutklassen

a) Beschreiben Sie das Symbol für die Gefahrgutklasse 3

- Grundfarbe: ______
- Form: ______
- Symbol: ______

b) Zeichnen Sie dieses Symbol
(auch in der richtigen Farbe).

3. Welcher Gefahrgutklasse ist dieses Symbol zuzuordnen?

Gefahrgutklasse: ______

4. Für ein sehr gefährliches Packgut wird ein geeignetes Packmittel benötigt. Welcher Buchstabe muss auf dem Packmittel angegeben sein, wenn es dafür geeignet ist?

Buchstabe: ______

5. Auf einem Packmittel, das für Gefahrgut geprüft und geeignet ist, steht folgender UN-Code:

(un) 4G / Y 10 / S / 13 / D / BAM 2323 / MO

Was bedeuten darin: a) 4G? ______

b) 13? ______

c) D? ______

______

Arbeitsblatt 15: Vermeidung und Entsorgung von Verpackungen

1. Wie heißen die beiden rechtlichen Grundlagen, um Verpackungsabfall zu vermeiden bzw. umweltgerecht zu entsorgen (jeweils nur ein Wort)?

   Gesetz: ______________________________

   Verordnung: ______________________________

2. Was versteht man unter dem „Kreislauf" bei der Kreislaufwirtschaft? Ergänzen Sie den folgenden Text.

   Produktion → ______________ → ______________ → Produktion → .....

3. Das Kreislaufwirtschaftsgesetz legt eine bestimmte Abfallhierarchie (Rangfolge) fest. Ergänzen Sie die Stufen dieser Hierarchie.

______________________	Es soll möglichst kein bzw. wenig Abfall entstehen.
↓	
______________________	Gebrauchte Verpackung soll nochmals verwendet werden.
↓	
______________________	Gewinnung von Rohstoffen aus Verpackungsabfall
↓	
______________________	Energiegewinnung aus Verpackungsabfall
↓	
______________________	Erfolgt, wenn die vorhergehenden Rangfolgestufen nicht möglich sind.

4. Die Verpackungsverordnung nennt verschiedene Verpackungsbegriffe/Verpackungsarten. Notieren Sie die beschriebene Verpackungsart sowie jeweils ein Beispiel dazu.

Umschreibung	Verpackungsart/-begriff	Beispiel
Verpackung, mit der die Ware verkauft wird		
zusätzliche Verpackung, die mehrere Verkaufsverpackungen umfasst		
Verpackung zum leichteren Transport und besseren Schutz der Ware		

5. Bei der Erfassung der Verpackungsabfälle unterscheidet man zwei Möglichkeiten. Beschreiben Sie kurz die jeweilige Erfassungsart.

Holsystem:

Bringsystem:

6. Warum wird das Erfassungssystem für Verpackungsabfall als „duales System" bezeichnet?

7. Welche Bedeutung haben die folgenden Zeichen auf Verpackungen?

®

interseroh

8. Geben Sie an, welche der folgenden Aussagen über die Vermeidung und Entsorgung von Verpackungsabfall richtig sind. Kreuzen Sie die **richtigen** Aussagen an.

Aussage	
Altglas-Container sind ein Teil des Bringsystems.	☐
Umverpackungen sind immer Mehrwegverpackungen.	☐
Nur wenn der „Grüne Punkt" auf der Verpackung steht, kann die Verpackung kostenlos entsorgt werden.	☐
Die Entsorgungskosten für Verpackungsabfälle trägt indirekt und letztendlich der Endverbraucher.	☐
Nach „Kreislaufwirtschaftsgesetz" kommt „Vermeidung" vor „Recycling".	☐

Arbeitsblatt 16: Zusammenfassender Test zum Lernfeld „Güter verpacken"

1 sehr leichte Pappe mit Hohlräumen
2 mit dem Stapler unterfahrbare Ladeplatte
3 großer Behälter aus Stahl, der in Fuß gemessen wird
4 Ware, die verpackt werden soll
5 geschlossenes Packmittel aus Wellpappe
6 Gewinnung von Rohstoffen aus Verpackungsabfall
7 zusammenlegbarer, sehr stabiler Behälter aus Alu
8 Folie, die um das Packstück gewickelt wird
9 geschlossener Behälter aus Holz
10 Mittel, das der Luft Feuchtigkeit entzieht
11 Kunststoffband, mit dem ein Packmittel umschlossen wird
12 Palette mit Aufbau aus Baustahlgitter
13 Gegenstand, der das Packgut aufnimmt
14 Verpackung, die nur einmal verwendet wird
15 Material, aus dem eine Kiste hergestellt wird

Die Buchstaben in den fett umrandeten Kästchen ergeben **senkrecht** das Lösungswort.

Lösungswort: ______________________

Lernfeld 7

Güter verladen

Arbeitsblatt 1: Rechtliche Grundlagen der Ladungssicherung

1. Nennen Sie die Beteiligten an der Be- und Entladung von Fahrzeugen nach § 412 HGB.

2. Erklären Sie den Unterschied zwischen betriebssicherer und beförderungssicherer Verladung. Wer ist jeweils dafür verantwortlich?

3. Ordnen Sie die folgenden Tätigkeiten den Anforderungen der betriebssicheren Verladung bzw. der beförderungssicheren Verladung zu:

Tätigkeit	betriebssichere Verladung	beförderungssichere Verladung
Beladen des Fahrzeugs		
Verpacken des Gutes und Beschriftung der Versandstücke		
Festlegen der Gewichtsverteilung		
Auswahl eines geeigneten Fahrzeugs und Fahrers		
Bereitstellung der Mittel zur Ladungssicherung		
Befestigung und Sicherung der Ladung		
Anmeldung des Transportes (Art, Menge, Ziel)		
Überprüfung der Beladung und der Ladungssicherung		

4. Wer übernimmt in den folgenden Situationen die Verantwortung für die ungenügende Sorgfalt bei der Verladung und Ladungssicherung?

Situation	Absender/ Verlader	Frachtführer/ Fahrer
Die Ladung ist verrutscht, da die Lücken zwischen den Packstücken nicht ausgefüllt waren.		
Eine Flüssigkeit ist ausgelaufen, da falsche Behälter verwendet wurden.		
An geladenen Schachteln wurden Feuchtigkeitsschäden durch eine zerrissenen Plane verursacht.		
Der Fahrer führt den Transport trotz festgestellter technischer Mängel am Fahrzeug durch.		
Zurrgurte sind durch Nichtbeachtung der zulässigen Spannkraft beim Zurren der Ladung gerissen.		
Der Absender weist den Fahrer auf die Kontrolle der Ladungssicherung vor der Abfahrt hin. Der Fahrer besteht darauf, aus Zeitgründen auf die Kontrolle zu verzichten.		
Bei einer Notbremsung lösen sich Teile eines Packstücks und beschädigen die Ladebordwand.		
Durch einen Fehler im Beladeplan wird die zulässige Achslast überschritten.		
Durch falsche Angaben des Absenders wird bei der Beladung die Nutzlast des Fahrzeuges überschritten.		

Situation

Der Fahrer erhält den Auftrag, Baumaterialien von einer Baustelle abzuholen. Vertraglich wurde vereinbart, dass er die Beladung in eigener Verantwortung durchführt. Beim Anheben der Ziegel wird die obere Lage durch die Greifarme beschädigt.

Beladung eines Lkw

5. a) Beschreiben Sie die Situation in der Abbildung und nennen Sie die Tätigkeiten, die dem Fahrer aufgrund der vertraglichen Vereinbarung zusätzlich übertragen werden.

b) Welche Maßnahmen führt der Fahrer hinsichtlich der betriebssicheren und beförderungssicheren Verladung der Baumaterialien durch?

betriebssichere Verladung:

beförderungssichere Verladung:

c) Begründen Sie, wer die Haftung für die beschädigten Ziegel übernimmt.

Arbeitsblatt 2: Physikalische Grundlagen der Ladungssicherung

1. Ergänzen Sie die fehlenden Begriffe im Text.

Immer dann, wenn sich die ______________________ des Fahrzeugs ändert, wirken ______________, die eine Ladungssicherung erforderlich machen. Beim Beschleunigen wirken Massenkräfte ______________ der Fahrtrichtung. Beim ______________ wirken Massenkräfte in Fahrtrichtung. Bei der Kurvenfahrt wirkt die ______________ entgegen dem Verlauf der Kurve.

Damit die Ladung in den genannten Situationen nicht verrutschen kann, müssen Gegenkräfte wirken, die mindestens so groß sind wie die zu erwartenden ____________________. Als natürliche Sicherungskraft wirkt die ____________________. Die Reibungskraft ist abhängig von der Materialpaarung zwischen ____ sowie dem Zustand der Ladefläche. Ist die Reibungskraft ____________________ als die in der jeweiligen Richtung wirkende Massenkraft, sind zusätzliche Maßnahmen zur ________________________ erforderlich. Diese zusätzlichen Maßnahmen müssen die notwendige Sicherungskraft als ________________________ zwischen der wirkenden Massenkraft und der Reibungskraft erzeugen.

2. Ergänzen Sie die fehlenden Eintragungen in der Tabelle.

physikalische Größe	Beschreibung	Formelzeichen	physikalische Einheit
Masse			
Geschwindigkeit			
Kraft			

3. Berechnen Sie die Masse m in kg und die Gewichtskraft F_G in daN (mit $g = 10\ m/s^2$) der Gesamtladung der einzelnen Lkw.

zu beladender Lkw	Teile der Ladung	Masse der Gesamtladung	Gewichtskraft der Gesamtladung
Lkw 1 	Packstück 1: m = 1 200 kg Packstück 2: m = 235,5 kg Packstück 3: m = 6 870,5 kg		
Lkw 2 	Packstück 1: m = 380 kg Packstück 2: m = 5,65 t Packstück 3: m = 6 870 kg Packstück 4: m = 0,98 t Packstück 5: m = 7,685 t		

zu beladender Lkw	Teile der Ladung	Masse der Gesamtladung	Gewichtskraft der Gesamtladung
Lkw 3 	Packstück 1: m = 12 000 g Packstück 2: m = 235 kg Packstück 3: m = 78,85 kg Packstück 4: m = 0,25715 t Packstück 5: m = 9,865 t		

4. Beim Verladen von Baustoffen, z. B. Schüttgütern, kennt man oft nur die Art des Stoffes und sein Volumen. Mithilfe der Dichte lässt sich die Masse einzelner Ladungen leicht bestimmen.

$$\rho = \frac{m}{V}$$

m: Masse
V: Volumen
ρ: Dichte (Rho)

$$\mathbf{m = \rho \times V}$$

Die Einheiten der Dichte: g/cm³; kg/dm³; t/m³.
Für die Praxis: kg/m³; t/m³.

Beispiel: $V = 10\ m^3$; $\rho = 1{,}7\ t/m^3$ $m = \rho \times V$ $m = 1{,}7\ t/m^3 \times 10\ m^3$ $m = 17\ t$

Berechnen Sie die Massen der Ladungsgüter in kg.

Ladungsgut 1: 35 Holzbalken der Länge 6 m, der Breite 15 cm und der Höhe 15 cm, das Holz hat eine Dichte von 700 kg/m³.

Ladungsgut 2: Ein Metallbehälter mit den Maßen 120 cm x 80 cm x 60 cm (L x B x H) ist zu zwei Dritteln mit losem Streusand der Dichte ρ = 1,75 t/m³ gefüllt. Der Metallbehälter hat eine Masse von 80 kg.

5. Das Gewicht (Masse) einer Ladung Bauhölzer beträgt m = 1,5 t. Die Bauhölzer werden auf einer Ladefläche aus Holz verladen. Die Ladefläche ist sauber und trocken (Gleitreibbeiwert μ = 0,3). Bei einer Vollbremsung wirkt eine Massenkraft von 80 % der Gewichtskraft F_G.
Ermitteln Sie zeichnerisch die Sicherungskraft. Wählen Sie als Maßstab 1 cm = 100 daN. Beschriften Sie die Kraftpfeile.

6. Ein Ladungsgut aus Holz mit der Masse m = 5 800 kg soll auf einen LKW verladen werden. Beachten Sie, dass bei Aufgaben der Ladungssicherung mit $g = 10\ m/s^2$ gerechnet wird!

a) Ordnen Sie den Kraftpfeilen an der Ladung die Kräfte im normalen Fahrbetrieb zu.

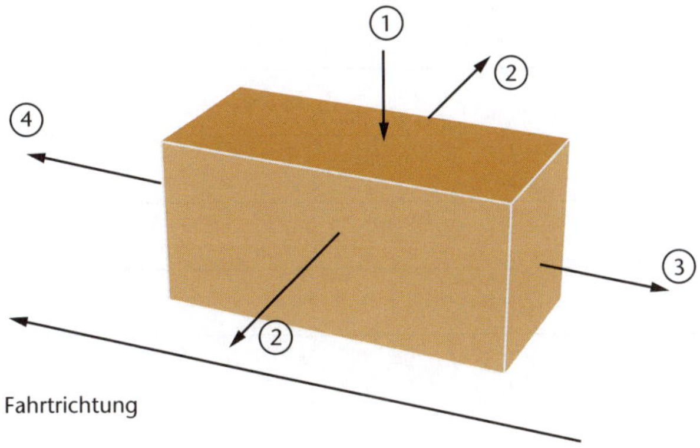

Kräfte im normalen Fahrbetrieb

____

____

____

____

b) Berechnen Sie die Gewichtskraft F_G in daN.

c) Berechnen Sie die auf die Ladung wirkenden Massenkräfte F_M in daN.

nach vorn:

zur Seite:

nach hinten:

d) Berechnen Sie die Reibungskraft F_R, wenn das Ladungsgut auf einer Ladefläche aus Holz (Gleitreibbeiwert $\mu_{Holz/Holz} = 0{,}35$) steht.

e) Berechnen Sie die Reibungskraft F_R, wenn Sie durch die Verwendung einer Antirutschmatte die Reibung um 40 % erhöhen.

Arbeitsblatt 3: Schritte bei der Ladungssicherung und formschlüssige Ladungssicherung

1. Pappschachteln mit Schuhen sollen mit einem Lkw transportiert werden. Die Schachteln werden auf Euroflachpaletten gestapelt, mit Stretchfolie eingestretcht und danach auf dem Lkw verladen, gestaut und gesichert. Beschreiben Sie anhand dieses Beispiels die zwei Schritte der Ladungssicherung.

2. Geben Sie drei Möglichkeiten an, wie das Ladegut auf der Ladeeinheit gesichert werden kann.

3. Nennen Sie die drei Arten der Ladungssicherung auf dem Transportmittel.

4. Beschreiben Sie, um welche Ausführung der formschlüssigen Ladungssicherung es sich in den Abbildungen handelt.

Abbildung	Ausführung der formschlüssigen Ladungssicherung
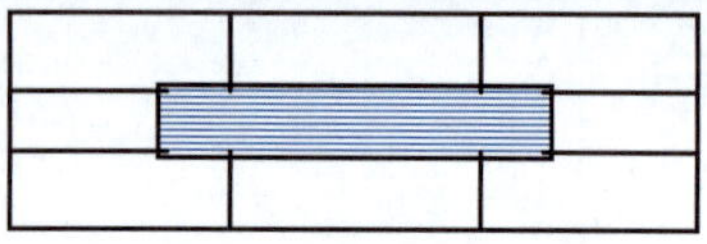	

Abbildung	Ausführung der formschlüssigen Ladungssicherung
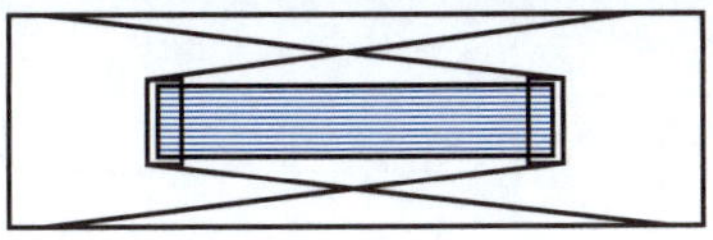	
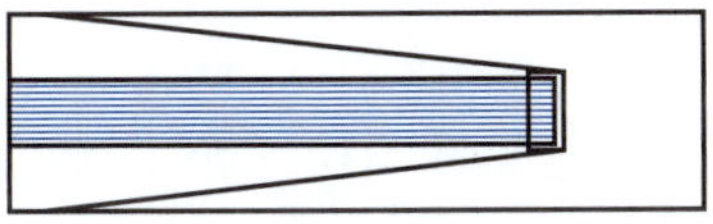	
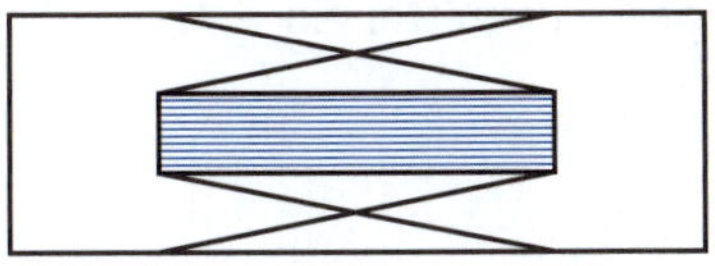	
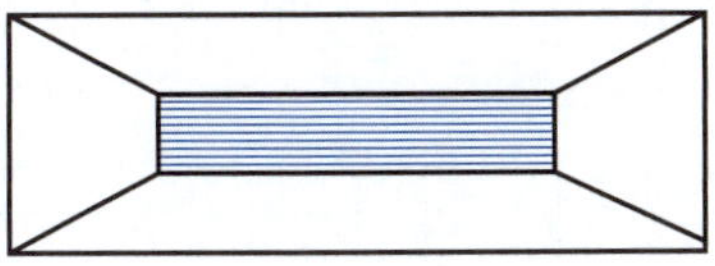	

5. Sie haben die Aufgabe, eine Holzkiste mit einem Bruttogewicht von 3 700 kg auf einen Lkw mit einer Ladefläche aus Metall zu verladen. Die Ladung ist auf dem Lkw ordnungsgemäß zu sichern. Gleittreibbeiwerte: $\mu_{Holz/Holz} = 0{,}4$; $\mu_{Metall/Holz} = 0{,}3$; $\mu_{Metall/Metall} = 0{,}15$.

   a) Berechnen Sie die Gewichtskraft der Holzkiste in daN.

Lkw mit Holzkiste

   b) Berechnen Sie die Massenkraft nach vorn (f = 0,8) in daN.

c) Ein Teil der Sicherungskraft wird durch die Reibung zwischen Ladung und Ladefläche aufgebracht. Berechnen Sie die Reibungskraft F_R in daN.

d) Ermitteln Sie die erforderliche Sicherungskraft nach vorne in daN.

e) Sie entscheiden sich für eine Ladungssicherung durch Schrägzurren. Skizzieren Sie die Kiste auf der Ladefläche (Draufsicht) und zeichnen Sie die notwendigen Zurrmittel ein.

f) Geben Sie die Fahrtrichtung an und kennzeichnen Sie in Ihrer Skizze die Zurrmittel, die bei einer Vollbremsung wirken.

g) Zur Sicherung stehen Ihnen Zurrgurte mit der Kennzeichnung L_C = 1000 daN zur Verfügung. Begründen Sie, ob diese Gurte für die Ladungssicherung nach vorne ausreichen.

Arbeitsblatt 4: Kippgefahr und kraftschlüssige Ladungssicherung

1. Geben Sie die allgemeine Voraussetzung für die Standsicherheit des Ladungsgutes auf einem Fahrzeug an.

2. Warum eignet sich das Niederzurren nicht für forminstabile Güter?

____

____

____

____

____

3. Ergänzen Sie die fehlenden Begriffe im Text.

Beim Niederzurren wird die ______________ zwischen Ladung und Ladefläche erhöht. Niederzurren ist nur wirksam, wenn ____________________________ erfasst werden. Um eine hohe Vorspannkraft zu erzeugen, ist eine hohe Stabilität __________________ erforderlich. Weiterhin beeinflusst der Zurrwinkel α die Vorspannkraft entscheidend. Je größer der Zurrwinkel α, desto ____________ ist die auf die Ladung übertragene Vorspannkraft. Das bedeutet: Je geringer der Zurrwinkel α, desto __________ Zurrmittel müssen bei gleicher Vorspannkraft verwendet werden.

4. Auf einen Lkw mit der zulässigen Gesamtmasse von 7,5 t und einer Ladefläche aus Holz sollen vier Module einer Schaltanlage mit Metallboden verladen werden. Ein Modul hat eine Länge von 2,00 m, eine Breite von 1,00 m und eine Höhe von 1,40 m. Es besteht die Möglichkeit, die Module längs bzw. quer zur Fahrtrichtung zu verladen. Ein Modul wiegt 850 kg. Jedes Modul steht separat und soll durch Niederzurren gesichert werden.

Schaltanlage

a) Ermitteln Sie die Standfestigkeit der Güter für die Verladung.

Sicherungsfaktor	Verladung längs der Fahrtrichtung	Verladung quer zur Fahrtrichtung
nach vorne: f = 0,8		
zur Seite: f = 0,7		
nach hinten: f = 0,5		

b) Begründen Sie mit Ihrem Ergebnis aus Aufgabe a), für welche Variante Sie sich bei der Beladung des Lkw entscheiden.

c) Berechnen Sie die Vorspannkraft, die zur Sicherung eines Moduls erforderlich ist.

$$F_V = \frac{f - \mu}{\mu} \times \frac{F_G}{1{,}5}$$

Berechnung der Vorspannkraft

d) Bestimmen Sie die Anzahl der Zurrgurte, die Sie zur Sicherung der Gesamtladung benötigen, wenn Sie Gurte mit der Angabe L_c = 400 daN verwenden.

Arbeitsblatt 5: Lastverteilungsplan

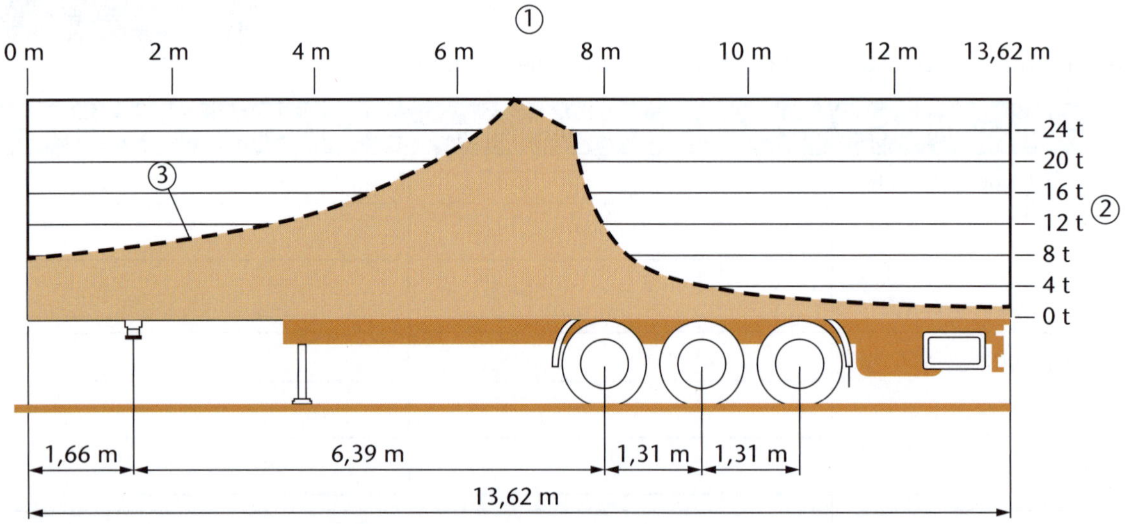

Lastverteilungsplan (Beispiel für ein Standardfahrzeug vom Typ SPKH24 ohne Zusatzlasten und ohne Beladung)

1 Abstand des Ladungsschwerpunktes von der Stirnwand der Ladefläche

2 Masse der Zuladung in t

3 Lastverteilungskurve

1. Ermitteln Sie anhand des Lastverteilungsplans die maximale Nutzlast des Sattelanhängers.

____

2. Ermitteln Sie den Schwerpunktabstand S von der vorderen Ladebordwand, wenn das Gewicht der Ladung der maximalen Nutzlast des Sattelanhängers entspricht.

____

3. Ermitteln Sie jeweils den minimalen und den maximalen Schwerpunktabstand S_{Ges} von der vorderen Ladebordwand für Ladungsgewichte verschiedener Gesamtladungen.

Ladung 1: m = 8 t __________ m < S_{Ges} < __________ m

Ladung 2: m = 12 t __________ m < S_{Ges} < __________ m

Ladung 3: m = 16 t __________ m < S_{Ges} < __________ m

Ladung 4: m = 24 t __________ m < S_{Ges} < __________ m

4. Sie haben die Aufgabe, ein Ladegut der Länge l = 13 m und der Masse m = 20 t auf dem Sattelanhänger zu verladen. Bestimmen Sie die Ladeposition, wenn der Schwerpunkt in der Mitte des Ladegutes liegt.

____

5. a) Bestimmen Sie den Gesamtschwerpunkt der Ladung aus zwei Ladeeinheiten. Beginnen Sie die Beladung mit Ladeeinheit 1 an der vorderen Ladebordwand. Der Schwerpunkt liegt jeweils in der Mitte der Ladeeinheit.

Ladeeinheit 1: Länge l = 9 m; Masse m = 13 t
Ladeeinheit 2: Länge l = 4 m; Masse m = 9 t

b) Begründen Sie, ob Sie die Beladung in der geforderten Reihenfolge durchführen können.

____

____

____

Arbeitsplatz 6: Mittel zur Ladungssicherung

1. Jedes Zurrmittel besteht aus Spannelement, Spannmittel und Verbindungselement. Erklären Sie diese drei Begriffe.

Spannelement: ______________________________

____

____

Spannmittel: ______________________________

____

____

Verbindungselement: ______________________________

____

____

2. Ergänzen Sie die Tabelle mit Beispielen.

	Zurrgurt	Zurrkette	Zurrdrahtseil
Spannmittel			
Spannelement			
Verbindungsele-ment			

3. Was versteht man unter dem Begriff „Ablegereife" bei Zurrmitteln?

4. Bei welchen erkennbaren Verschleißmerkmalen dürfen Zurrgurte nicht mehr verwendet werden?

5. Erläutern Sie die Bedeutung der Kennzeichnungen auf dem Zurrgurtetikett.

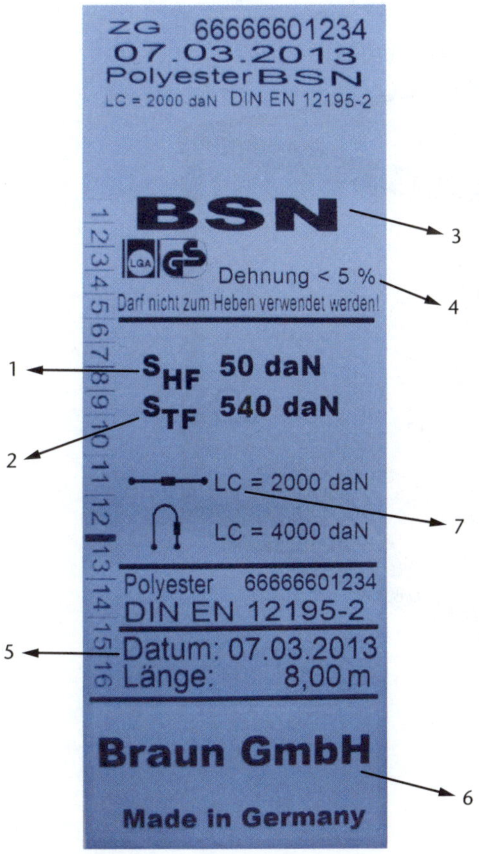

6. Ordnen Sie den Einrichtungen der Ladungssicherung die richtige Bedeutung zu.

Bedeutung:	Einrichtung zur Ladungssicherung	
1. Fest mit Fahrzeugaufbau verbundene Befestigungseinrichtungen	Zahnleisten	☐
2. Drücken sich in die Oberfläche der Ladung ein und schaffen eine formschlüssige Verbindung	Coilmulden	☐
3. Erhöhen die Reibung zwischen Ladegut und Ladefläche	Twistlock	☐
4. Einrichtungen zum Verriegeln von Containern mit dem Trägerfahrzeug	Ankerschienen	☐
5. Im Fahrzeugaufbau verankerte Metallprofile zur Aufnahme fixierender Hilfsmittel	Rutschhemmende Matten	☐
6. Wannenförmige Vertiefungen zur Aufnahme rollender Ladungsgüter	Zurrpunkte	☐

Arbeitsblatt 7: Beladung von Containern

Sie haben die Aufgabe, einen Container für die Beladung vorzubereiten.

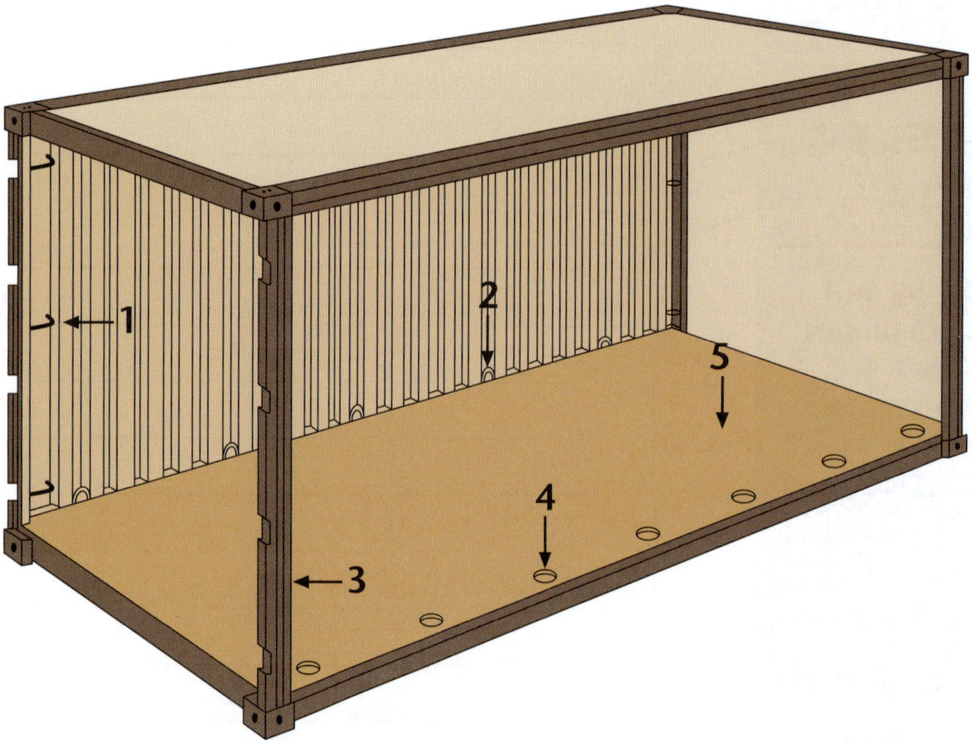

Abbildung eines Containers

1. Benennen Sie die Teile des Containers und deren Funktionen für die Ladungssicherung.

Nummer	Bauteil	Ladungssicherung
1		

Nummer	Bauteil	Ladungssicherung
2		
3		
4		
5		

2. Nach welcher Richtlinie muss die Beladung von Containern für die Beförderung über See erfolgen?

3. Ordnen Sie die Prüfungen des Containers zu, indem Sie in der entsprechenden Spalte ankreuzen.

Prüfung	innen	außen	nach der Beladung
Container ist sauber, trocken und geruchsneutral			
keine Risse und Löcher in den Wänden			
Ladungssicherung in Ordnung			
Container ist wasserdicht			
keine alten Aufkleber vorhanden			
keine Verformung im Boden und in den Wänden			
Nutzlast eingehalten			
Türen und Dachabdeckungen fest verschlossen			
gangbare Türen			
Versandpapiere für Zoll richtig angebracht			

4. Lesen Sie den Text zu den Grundregeln für das Stauen von Ladungen. Streichen Sie die falschen Eintragungen durch. Berichtigen Sie die Aussagen in der Freizeile darunter.

a) Das Gewicht der Ladung darf die zulässige Nutzlast der Ladefläche nur in Ausnahmefällen überschreiten.

b) Das Gewicht ist vorne auf der Ladefläche zu verteilen.

c) Bei schweren Packstücken muss die Belastung des Bodens z. B. durch Kanthölzer vermindert werden.

d) Schweres Gut ist oben, leichtes Gut ist unten zu verstauen.

e) Schweres Gut ist im hinteren Ladebereich zu verstauen, um die Druckbelastung beim Bremsen zu erhöhen.

f) Fässer und Trommeln sind möglichst liegend zu verstauen.

g) Geruchserzeugende Güter sind nicht mit stauberzeugenden Gütern zu stauen.

h) Frostempfindliche Güter nicht im vorderen Ladebereich, sondern nur an den Wänden verstauen.

i) Packstücke sind so zu verstauen, dass beim Öffnen des Lkws die Ladung leicht nach hinten rutscht.

j) Feste Packstücke immer oben, weniger feste Packstücke (z. B. Säcke) unten stauen, um Ladelücken zu vermeiden.

k) Packstücke mit Flüssigkeiten sind niemals mit feuchtigkeitsempfindlichen Gütern zu verladen.

Arbeitsblatt 8: Gefahrgut

1. a) Welches Gesetz regelt in Deutschland die Beförderung von gefährlichen Gütern auf öffentlichen Verkehrswegen?

b) Welche Tätigkeiten zählen zur Beförderung nach obigem Gesetz?

2. Nennen Sie die nationalen und internationalen Vorschriften für den Transport gefährlicher Güter

a) mit dem LKW, national: ____________ international: ____________

b) mit der Eisenbahn, national: ____________ international: ____________

c) mit dem Flugzeug. national: ____________ international: ____________

3. Nennen Sie drei Aufgaben eines Gefahrgutbeauftragten.

4. a) Wer ist für die Kennzeichnung des Fahrzeugs bei der Beförderung von Gefahrgut verantwortlich?

b) Welche Kennzeichnungen müssen am Fahrzeug vorgenommen werden?

c) Gefahrgut-Lkws sind bei einigen Transporten zusätzlich zu kennzeichnen. Ordnen Sie den zusätzlichen Kennzeichnungen die richtige Bedeutung zu: Transport von gefährlichen Gütern in Versandstücken, Transport umweltgefährdender Stoffe, Transport von Abfall, Transport erwärmter Güter.

5. Für welche Transporte sind orangefarbene Warntafeln mit Nummern unbedingt vorgeschrieben?

6. Die Tabelle zeigt Beispiele von Gefahrgütern, die auf der Straße transportiert werden. Ergänzen Sie die fehlenden Angaben in der Tabelle.

Gefahrgutklasse	Stoffbezeichnung Placard	UN Stoffnummer	Nummer der Gefahr	Art der Gefahr	Kennzeichnung der Warntafel
3	Benzin 		33		33 1203
	Natrium 			Berührung mit Wasser verboten, entzündbarer fester Stoff, Entweichen von Gasen, entzündbar	X423 1428
	Propan 	2037	23		
	Salzsäure 				80 1789
	Bitumen 				99 3257
	Schwefel 	1350			40

7. Welche Angaben muss ein Beförderungspapier für Gefahrgut mindestens enthalten, die für die Beförderung normaler Güter nicht erforderlich sind?

-
-
-
-
-

8. Das ADR lässt Freistellungen bei der Beförderung kleiner Mengen zu.

a) Welche Bedeutung hat diese Freistellung für den Fahrer und für das Fahrzeug?

-
-
-
-

b) Zeichnen Sie die Kennzeichnung von Packstücken nach ADR, die als begrenzte Mengen mit dem Lkw transportiert werden sollen, auf.

Lernfeld 8

Güter versenden

Arbeitsblatt 1: Der Güterverkehr in der Wirtschaft

1. Erklären Sie, welche Bedeutung der Güterverkehr in unserer arbeitsteiligen Wirtschaft hat.

____

____

____

____

____

____

2. Finden Sie zehn Begriffe zur Verkehrswirtschaft in folgendem Worträtsel. Markieren Sie diese.

I	K	O	N	T	R	A	K	T	L	O	G	I	S	T	I	K
S	E	R	U	N	L	F	G	I	K	M	H	J	L	A	M	I
V	X	Y	A	C	T	E	I	M	W	A	G	G	O	N	P	S
A	P	I	E	I	S	E	N	B	A	H	N	E	L	I	O	M
D	O	M	B	I	N	N	E	N	V	E	R	K	E	H	R	A
G	R	A	V	B	M	L	U	F	T	F	R	A	C	H	T	N
D	T	R	A	N	S	I	T	V	E	R	K	E	H	R	B	H
B	I	N	N	E	N	S	C	H	I	F	F	F	A	H	R	T

3. Vergleichen Sie die Verkehrsaufkommen der verschiedenen Verkehrsträger in der Bundesrepublik Deutschland.

a) Berechnen Sie die prozentualen Anteile der einzelnen Verkehrsträger. Geben Sie die Prozentsätze mit zwei Stellen nach dem Komma an. Vervollständigen Sie dazu die Übersicht.

Verkehrsaufkommen in der BRD: beförderte Tonnen in Millionen

Verkehrsträger	1970 in Mio. Tonnen	1970 in %	1980 in Mio. Tonnen	1980 in %	1992 in Mio. Tonnen	1992 in %	2004 in Mio. Tonnen	2004 in %	2011 in Mio. Tonnen	2011 in %
Eisenbahn	378,0		350,1		351,9		310,3		373,8	
Binnenschiff	240,0		241,1		229,9		235,9		219,7	
Seeschiff	131,9		154,3		178,1		268,2		291,5	
Luftverkehr	0,3869		0,7103		1,2		2,7		4,4	
Straßengüterverkehr	2136,9		2553,2		3644,1		2767,2		3357,6	
gesamt										

b) Vergleichen Sie die Entwicklung der Verkehrsträger Eisenbahn und Straßengüterverkehr und begründen Sie diese Entwicklung.

4. Die Kontraktlogistik hat in der Transportlogistik eine wachsende Bedeutung.

a) Was versteht man darunter?

b) Finden Sie in den Bereichen Beschaffung, Lagerhaltung und Absatz je drei Beispiele.

Beschaffung	
Lagerhaltung	
Absatz	

Arbeitsblatt 2: Transportrecht

1. In welchen Bereichen des Güterverkehrs wird das Frachtrecht nach Handelsgesetzbuch (HGB) angewendet?

2. Wer sind die Vertragspartner im Frachtvertrag? Ergänzen Sie das folgende Schaubild.

3. Das Frachtgeschäft ist ein zweiseitiges Rechtsgeschäft zugunsten eines Dritten. Erklären Sie diese Aussage.

4. Wer hat die folgenden Pflichten aus dem Frachtvertrag zu erfüllen? Ordnen Sie zu.

Pflichten aus dem Frachtvertrag	Frachtführer	Absender
Frachtzahlung		
betriebssicheres Verladen		
Ablieferung beim Empfänger		
Verpackung		
Kennzeichnung der Packstücke		
Information über Gefahrgut		
fristgerechter Transport des Gutes an den Bestimmungsort		
beförderungssicheres Verladen		
Ladungssicherung		
Obhut über das Transportgut und Begleitpapiere		
Entladen bzw. Entladung organisieren		
Begleitpapiere zur Verfügung stellen		
Frachtbrief ausstellen		
besondere vertragliche Pflichten, z. B. Nachnahme einziehen		

5. Was beurkundet der Frachtbrief?

6. Wer erhält die drei Originalausfertigungen des Frachtbriefs?

- ______________________________
- ______________________________
- ______________________________

7. Die Spedition Euroline aus Leipzig erhält von der Großbäckerei Franz Haller KG, ebenfalls aus Leipzig, einen Transportauftrag: Lkw-Transport von 32 Europaletten mit Backwaren, nicht stapelbar, am 16.07.20.. zum Globalmarkt in Stuttgart. Die Spedition Euroline setzt dafür den Fuhrunternehmer Frank Fix mit seinem Sattelzug ein.

a) Tragen Sie alle Beteiligten in die Kästchen ein und geben Sie die Vertragsbeziehungen zwischen ihnen an. Verwenden Sie Fachbegriffe.

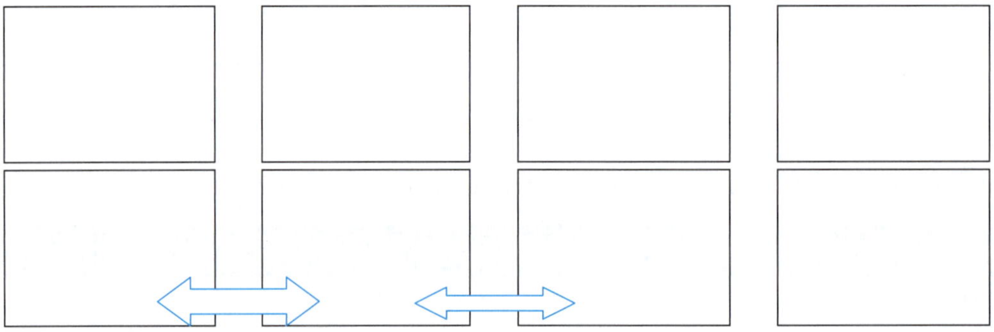

b) Welche Pflichten haben Spediteur und Frachtführer aus dem Speditionsauftrag?

____

____

____

____

____

____

____

____

c) Neben der Hauptaufgabe des Spediteurs, die Versendung zu „besorgen“, kann er auch im Selbsteintritt als Fixkostenspediteur (Spedition zu festen Kosten) und bei Sammelladungstransporten tätig sein. Hier hat er die Rechte und Pflichten eines Frachtführers. Erklären Sie die drei Tätigkeitsbereiche des Spediteurs.

Selbsteintritt	
Spedition zu festen Kosten	
Sammelladung	

Arbeitsblatt 3: Haftung für Transportschäden

1. Transportschäden muss der Absender oder Empfänger innerhalb bestimmter Fristen dem Frachtführer schriftlich melden. Ergänzen Sie in der folgenden Übersicht die Reklamationsfristen bei verschiedenen Schadensarten.

Art des Schadens	Zeitpunkt der Anzeige
Verlust, Beschädigung erkennbar	
Verlust, Beschädigung nicht erkennbar (verdeckter Schaden)	
Lieferfristüberschreitung	

2. Der Fuhrunternehmer Frank Fix hat in diesem Monat einige Schadensfälle zu verzeichnen. Prüfen Sie, welche Schadensart vorliegt und in welcher Höhe er haftet (1 SZR = 1,1 EUR). Ergänzen Sie dazu die folgende Tabelle.

Sendung	Transportauftrag 13-1: 14 t Hundefutter von Leipzig nach Stuttgart	Transportauftrag 13-2: 15 t Sandsteine von Pirna zur Baustelle in München	Transportauftrag 13-3: eine Maschine (900 kg) von Magdeburg zur Messe in Nürnberg
Warenwert	18 000,00 EUR	7 800,00 EUR	12 000,00 EUR
Schaden	Lkw-Unfall auf der Autobahn (Totalschaden)	Ein Motorschaden am Sattelzug verzögert den Transport um einen Tag. Der Empfänger macht einen Schaden von 15 000,00 EUR wegen Bauverzögerung geltend.	Lkw-Unfall auf der Autobahn, die Maschine ist stark beschädigt (Schaden 5 000,00 EUR) und kann nicht mehr ausgestellt werden. Der Auftraggeber macht Gewinneinbußen und Verlust von Kunden im Wert von 35 000,00 EUR geltend.
Schadensart			
Haftungshöchstbetrag			
Tatsächliche Haftung des Frachtführers			

3. Die Spedition Euroline hat für den Monat April Schadensfälle zu bearbeiten. Beantworten Sie für jeden Fall die folgenden beiden Fragen.

- Welche Schadensarten liegen in den folgenden Fällen vor?
- In welcher Höhe muss der Spediteur Schadenersatz leisten?

a) Im Umschlaglager der Spedition werden mehrere Europaletten mit Haushaltsgeräten auf einen Lkw nach Mainz verladen. Dabei wird durch Unachtsamkeit des Staplerfahrers eine Palette mit zehn Bodenstaubsaugern zerstört. Ein Staubsauger wiegt 4,2 kg und hat einen Wert von 200,00 EUR.

- ______________________________
- ______________________________

____

b) 5 120 kg Süßwaren werden beim Transport von Halle nach Kiel bei einem Autobahnunfall vollständig zerstört. Der Wert der Ware beträgt 4 500,00 EUR.

- ______________________________
- ______________________________

____

c) Durch einen Planungsfehler des Spediteurs trifft die Sendung mit Schaltelementen für die Gerätebau Hoffman KG einen Tag verspätet ein. Die Sendung hat einen Wert von 7 000,00 EUR. Das Bruttogewicht beträgt 1,2 t. Die Verzögerung hat für die Hoffman KG einen Tag Produktionsstillstand zur Folge. Das Unternehmen macht einen Schaden von 10 000,00 EUR geltend.

- ______________________________
- ______________________________

____

Arbeitsblatt 4: Güterkraftverkehr

1. Ein Großhandelsbetrieb für Heizungs- und Sanitärbedarf beliefert täglich seine Kunden, Klempner und Installateure, mit dem firmeneigenen Lkw.

a) Nennen Sie vier Gründe, die für den Transport mit dem Lkw sprechen.

____

____

____

____

____

b) Benötigt das Unternehmen für diese Transporte eine Genehmigung oder Lizenz? Begründen Sie Ihre Aussage.

2. Welche Maße und Gewichte dürfen nach der Straßenverkehrs-Zulassungs-Ordnung nicht überschritten werden? Ergänzen Sie dazu die folgende Tabelle.

	Einzelfahrzeug: 3 Achsen	Sattelzug: 5 Achsen	Gliederzug: 5 Achsen
Höhe			
Länge			
Breite normal **Breite Isothermfahrzeug**			
Gesamtgewicht **im Vor- und Nachlauf des kombinierten Verkehrs**			

3. Woraus setzt sich das Gesamtgewicht eines Fahrzeugs zusammen?

4. Die Spedition Euroline soll heute folgende Sendungen im Sammelgutverkehr von verschiedenen Kunden abholen. Wie viele Lademeter werden benötigt, wenn die Paletten nicht stapelbar sind?

a) zwölf Europaletten mit den Maßen 0,80 m x 1,20 m:

b) vier Einwegpaletten mit den Maßen 1,20 m x 1,00 m:

c) neun Europaletten und 9 Einwegpaletten:

Arbeitsblatt 5: Einen Frachtauftrag bearbeiten

Situation

Der Fuhrunternehmer Frank Fix, 04129 Leipzig, Pretzscher Str. 12 erhält von der Firma Sachsen-Bäcker am 28.10.20.. folgenden Transportauftrag:

Auftraggeber	Firma Sachsen-Bäcker Reudnitzer Straße 14 04103 Leipzig
Transportgut	28 Europaletten mit Gebäck, nicht stapelbar Gewicht 9 358 kg Markierung FK
Empfänger:	Großmarkt Frisch-Kauf Daimler Straße 27 89079 Ulm
Transporttermin	01.11.20..
Frachtkosten	übernimmt Firma Sachsen-Bäcker

Frank Fix verfügt über einen Sattelzug (Kennzeichen L-IS-113) mit einer Ladelänge von 12,20 m sowie einer Nutzlast von 22 760 kg und einen Lkw-Zug mit zwei Wechselbehältern, Ladelänge jeweils 7,15 m. Die Nutzlast je Wechselbehälter beträgt 12 240 kg. Das Kennzeichen der Zugmaschine lautet L-IS-114, das Kennzeichen des Anhängers L-EH-123.

1. Überprüfen Sie, ob Sie für den Transport der Sendung der Firma Sachsen-Bäcker den Sattelzug oder den Lkw-Zug einsetzen müssen. Berechnen Sie dabei, wie viele Lademeter die Sendung der Firma Sachsen-Bäcker benötigt.

2. Zeichnen Sie den Stauplan für den Lkw-Transport der Firma Sachsen-Bäcker. Nummerieren Sie die Paletten.

3. Nach der Beladung des Lkw startet Frank Fix um 06:30 Uhr in Leipzig. Die Strecke beträgt 469 km. Wann wird er den Großmarkt Frisch-Kauf in Ulm bei einer Durchschnittsgeschwindigkeit von 70 km/h voraussichtlich erreichen? Berücksichtigen Sie dabei die Sozialvorschriften im Straßengüterverkehr.

4. Füllen Sie den Frachtbrief aus.

<table>
<tr><td>1 Absender (Name, Anschrift)</td><td>FRACHTBRIEF
für den gewerblichen Güterkraftverkehr</td></tr>
<tr><td>2 Empfänger (Name, Anschrift)</td><td>3 Frachtführer (Name, Anschrift)</td></tr>
<tr><td>4 Meldeadresse</td><td>5 Nachfolgende Frachtführer (Name, Anschrift)</td></tr>
<tr><td>6 Übernahme des Gutes
Versandort ____________________
Beladestelle ____________________</td><td rowspan="3">7 Vorbehalte und Bemerkungen der Frachtführer</td></tr>
<tr><td>8 Ablieferung des Gutes
Ort ____________________
Entladestelle ____________________</td></tr>
<tr><td>9 Beigefügte Dokumente</td></tr>
</table>

10 Anzahl der Packstücke	11 Zeichen und Nummern	12 Art der Verpackung	13 Bezeichnung des Gutes	14 Bruttogewicht in kg	15 Volumen in m^3

<table>
<tr><td colspan="4">16 Gefahrgut-Klassifikation</td><td>Nettomasse kg/l</td><td></td></tr>
<tr><td>UN-Nr.</td><td></td><td>Offizielle Bennung</td><td colspan="3"></td></tr>
<tr><td colspan="2">Nummer Gefahrzettelmuster</td><td></td><td>Verpackungsgruppe</td><td></td><td></td></tr>
</table>

<table>
<tr><td colspan="3">17 Weisungen des Absenders</td></tr>
<tr><td>18 Nachnahme</td><td></td><td rowspan="2">20 Besondere Vereinbarungen</td></tr>
<tr><td>19 Frankatur</td><td></td></tr>
</table>

<table>
<tr><td colspan="2">21 Ausgefertigt in</td><td>am</td><td>Gut empfangen am</td></tr>
<tr><td colspan="2">22 Unterschrift und Stempel des Absenders</td><td>23 Unterschrift und Stempel des Frachtführers</td><td>24 Unterschrift und Stempel des Empfängers</td></tr>
<tr><td></td><td>25 Amtl. Kennzeichen</td><td>26 Nutzlast in kg</td><td></td></tr>
<tr><td>KFZ</td><td></td><td></td><td></td></tr>
<tr><td>Anhänger</td><td></td><td></td><td></td></tr>
</table>

5. Auf der Fahrt nach Ulm gerät Frank Fix in eine Kontrolle durch das BAG. Mit welchen Überprüfungen muss er rechnen? Nennen Sie sechs Dokumente, die er bereitzuhalten hat.

Arbeitsblatt 6: Einen CMR-Frachtbrief ausfüllen

Situation

Sie sind Mitarbeiter der Fluggeräte GmbH, Industriestr. 4, 04229 Leipzig.
Ihr Betrieb versendet mit heutigem Datum in 15 Verschlägen Maschinenteile an Ihren Kunden, die Instrumentale Colvosco, Viale Isonzo 20, 3452 Mailand, Italien. Außerdem gehören zur Ladung auch zwei Holzkisten mit erklärungspflichtigen Chemikalien, Gefahrenklasse 3, UN-Nummer 1263. Die dazugehörigen Gefahrgut-Daten stehen in der beiliegenden Ladeliste Nummer 543278922. Dem Frachtbrief ist auch ein Unfallmerkblatt/schriftliche Weisung beigefügt. (Hinweis: Die Ladeliste und das Unfallmerkblatt/schriftliche Weisung selbst sind nicht zu bearbeiten, sondern im Frachtbrief zu erwähnen!) Für den Transport gelten die internationalen Gefahrgutvorschriften für die Straße (ADR). Dies ist im Frachtbrief auch kenntlich zu machen.
Frachtführer ist die Spedition Erich Haslbeck, Straubinger Str. 42, 84130 Dingolfing. Jeder Verschlag hat ein Gewicht von 625 kg und die Maße 1,40 × 1,20 × 0,80 m. Die Holzkisten wiegen mit Inhalt je 90 kg und sind 0,75 × 0,75 × 0,75 m groß.
Die Transportkosten von Leipzig nach Mailand übernimmt die Fluggeräte GmbH.
Die Verladung der Verschläge auf den Lkw mit dem Kennzeichen DGF-EP 5, Nutzlast 20 000 kg, erfolgt auf dem Werksgelände der Fluggeräte GmbH in Leipzig. Die Entladestelle ist das Werksgelände der Instrumentale Colvosco in Mailand.
Bei der Übernahme der Verschläge stellt der Fahrer der Spedition fest, dass bei einem Verschlag zwei Seitenbretter beschädigt sind. Er möchte dies im Frachtbrief vermerkt haben.
Die Spedition bittet Sie außerdem, im Frachtbrief in Feld 25 die Angaben zur Ermittlung der Entfernung mit Grenzübergängen einzutragen. Die Fahrt erfolgt über die Brennerautobahn in Österreich. Als Hilfsmittel dienen die im Anhang stehende Kilometrierung und eine Europa-Landkarte. Einzutragen sind nur die Gesamtstrecken in den drei betroffenen Ländern.

1. Füllen Sie den Frachtbrief entsprechend den obigen Angaben aus. Das Ausfertigungsdatum entspricht dem Versanddatum.

2. Suchen Sie auf einer Europa-Landkarte eine alternative Fahrroute für den Fall, dass die Fahrt über den Brenner wegen Murenabgängen nicht möglich ist.

____

____

____

Anhang:
Kilometrierung: Leipzig – Mailand

Strecke	Kilometer
Leipzig – München	450 km
München – Kufstein	110 km
Kufstein – Innsbruck	55 km
Innsbruck – Brenner	50 km
Brenner – Verona	240 km
Verona – Mailand	160 km

Für Absender Exemplaire de l'expéditeur Exemplaar voor Afzender Essemplare per mittente Copy for sender Exemplar for Afsender

1 Absender (Name, Anschrift, Land)
Expéditeur (nom, adresse, pays)

INTERNATIONALER FRACHTBRIEF
LETTRE DE VOITURE INTERNATIONAL

Diese Beförderung unterliegt trotz einer gegenteiligen Abmachung den Bestimmungen des Übereinkommens über den Beförderungsvertrag im internat. Straßengüterverkehr (CMR)

Ce transport est soumis, nonobstant toute clause contraire, à la Convention relative au contract de transport international de marchandises par route (CMR)

2 Empfänger (Name, Anschrift, Land)
Destinataire (nom, adresse, pays)

16 Frachtführer (Name, Anschrift, Land)
Transporteur (nom, adresse, pays)

3 Auslieferungsort des Gutes
Lieu prévu pour la livraison de la marchandise
Ort/Lieu
Land/Pays

17 Nachfolgende Frachtführer (Name, Anschrift, Land)
Transporteurs successifs (nom, adresse, pays)

4 Ort und Tag der Übernahme des Gutes
Lieu et date de la prise en charge de la marchandise
Ort/Lieu
Land/Pays
Datum/Date

18 Vorbehalte und Bemerkungen der Frachtführer
Réserves et observations des transporteurs

5 Beigefügte Dokumente
Documents annexés

6 Kennzeichen und Nummern Marques et numéros	7 Anzahl der Packstücke Nombre des colis	8 Art der Verpackung Mode d'emballage	9 Bezeichnung des Gutes* Nature de la marchandise*	10 Statistiknummer No statistique	11 Bruttogewicht in kg Poids brut, kg	12 Umfang in m³ Cubage m³

CMR

Klasse / Classe Ziffer / Chiffre Buchstabe / Lettre (ADR) / (ADR)

13 Anweisungen des Absenders (Zoll- und sonstige amtliche Behandlung)
Instructions de l'expéditeur (formalités douanières et autres)

19 Zu zahlen vom: A payer par:	Absender L'expéditeur	Währung Monnaie	Empfänger Le Destinataire
Fracht Prix de transport			
Ermäßigungen Réductions –			
Zwischensumme Solde			
Zuschläge Suppléments			
Nebengebühren Frais accessoires			
Sonstiges Divers +			
Zu zahlende Gesamtsumme Total à payer			

14 Rückerstattung
Remboursement

15 Frachtzahlungsanweisungen
Prescription d'affranchissement
Frei
Franco
Unfrei
Non Franco

20 Besondere Vereinbarungen
Conventions particulières

21 Ausgefertigt in
Etablie à
am
le
20

24 Gut empfangen
Réception des marchandises
Datum
Date
am
le ________ 20___

22
Unterschrift und Stempel des Absenders
Signature et timbre de l'expéditeur

23
Unterschrift und Stempel des Frachtführers
Signature et timbre du transporteur

Unterschrift und Stempel des Empfängers
Signature et timbre du destinataire

25 Angaben zur Ermittlung der Tarifentfernung mit Grenzübergängen

von	bis	km

28 Berechnung des Beförderungsentgelts

frachtpfl. Gewicht in kg	Tarifstelle Sonderabmachung	Güterarten	Währung	Frachtsatz	Beförderungsentgelt

26 Vertragspartner des Frachtführers ist – kein – Hilfsgewerbetreibender im Sinne des anzuwendenden Tarifs

27

	Amtl. Kennzeichen	Nutzlast in kg
Kfz		
Anhänger		

Benutzte Gen.-Nr. ❑ National ❑ Bilateral ❑ EG ❑ CEMT

Les parties encadrées de lignes grasses doivent être remplies par le transporteur.

Die mit fett gedruckten Linien eingerahmten Rubriken müssen vom Frachtführer ausgefüllt werden.

Auszufüllen unter der Verantwortung des Absenders. 1–15 einschließlich 21+22
A remplir sous la responsabilité de l'expéditeur 1–15 y compris et 21+22

Arbeitsblatt 7: Kurier-, Express- und Paketdienst

1. Worin unterscheiden sich die verschiedenen KEP-Dienste? Ordnen Sie den nachfolgenden Erklärungen die entsprechenden Dienste zu, indem Sie folgende Kürzel in die Kästchen eintragen: K für Kurierdienst, E für Expressdienst und P für Paketdienst.

Sie übernehmen die Sendung vom Auftraggeber und befördern sie persönlich und direkt zum Empfänger.	☐
Sie garantieren keinen festen Auslieferungstermin, doch erfolgt die Auslieferung innerhalb einer angemessenen Zeit.	☐
Die Beförderungskosten sind durch den hohen Personalaufwand relativ hoch.	☐
Die Beförderung der Sendungen erfolgt im Sammeltransport über Umschlagzentren; dabei wird eine Zustellung mit festen Zustellzeiten garantiert.	☐
Sie sind häufig in Städten mit Fahrrädern und Mopeds unterwegs, um eine schnelle Zustellung zu garantieren.	☐
Die Beförderungskosten sind relativ günstig. Die Sendungen sind in Größe und Gewicht beschränkt.	☐

2. Viele KEP-Dienstleister arbeiten mit dem Hub-and-Spoke-System.

   a) Erklären Sie die Abbildung des Hub-and-Spoke-Systems.

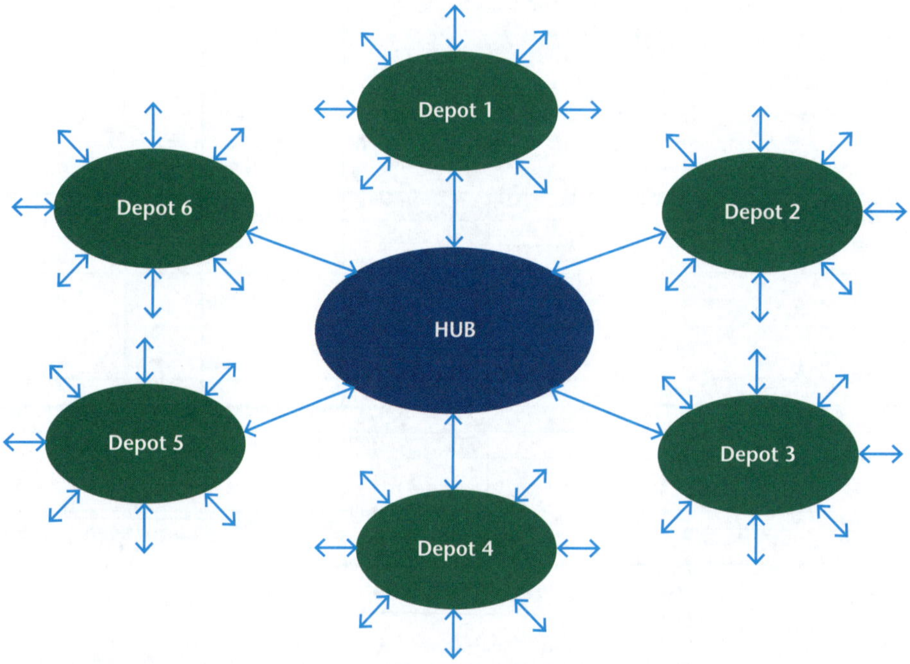

Abbildung: Hub-and-Spoke-System

____

____

____

____

____

____

____

____

b) Stellen Sie Vorteile und Nachteile des Hub-and-Spoke-Systems in der Tabelle gegenüber:

Vorteile	Nachteile

3. KEP-Dienste arbeiten in den Bereichen B2B und B2C. Was versteht man darunter?

____

____

____

____

4. KEP-Dienstleister bieten verschiedene Serviceleistungen an. Ordnen Sie die aufgeführten Serviceleistungen den Servicebereichen der folgenden Übersicht zu:
Rückschein, Vorausverfügung, Unfrei, Sperrgut, Retoure, Identitäts- und Altersprüfung, Nachnahme, Eigenhändig, Einzelabholung, Transportversicherung.

Service Sicher	Service Inkasso	Sonstiger Service

Arbeitsblatt 8: Deutsche Post DHL

DHL AGB Paket/Express national

AGB

ALLGEMEINE GESCHÄFTSBEDINGUNGEN DHL PAKET/EXPRESS NATIONAL

(AGB PAKET/EXPRESS NATIONAL)

1 GELTUNGSBEREICH UND RECHTSGRUNDLAGEN

(1) Diese Allgemeinen Geschäftsbedingungen, nachfolgend „AGB", gelten für Verträge mit der Deutschen Post AG und ihren verbundenen Unternehmen, nachfolgend „DHL", über die Beförderung von Paketen einerseits und Express-Sendungen andererseits, nachfolgend „Sendungen", im Inland. Der Geltungsbereich schließt besonders vereinbarte Zusatz- und Nebenleistungen, nachfolgend „Services", sowie die Nachsendung von Paketen ein.

(2) Ergänzend zu diesen AGB gelten das Verzeichnis „Leistungen und Preise", die „Regelungen für die Beförderung von gefährlichen Stoffen und Gegenständen", die Broschüre „Transportversicherung" sowie die „Übersicht Wertgegenstände" in der jeweils aktuellen Fassung, die bei den Geschäftsstellen der DHL zur Einsichtnahme bereitgehalten werden. Für Express-Sendungen gelten zusätzlich die Broschüren „DHL Express Servicehandbuch" und „DHL Express Preise und Laufzeiten", für Pakete finden die „Versandbedingungen DHL PAKET NATIONAL und INTERNATIONAL" ergänzende Anwendung. Ferner gelten spezielle Leistungsbeschreibungen, auf die im Verzeichnis „Leistungen und Preise", in Rahmenvereinbarungen oder Beförderungspapieren (Frachtbriefen, Einlieferungsbelegen etc.) verwiesen wird.

(3) Soweit – in folgender Rangfolge – durch zwingende gesetzliche Vorschriften, Einzelvereinbarungen, die in Absatz 2 genannten speziellen Bedingungen oder diese AGB nichts anderes bestimmt ist, finden die Vorschriften der §§ 407ff HGB über den Frachtvertrag Anwendung.

2 VERTRAGSVERHÄLTNIS – BEGRÜNDUNG UND AUSSCHLUSS VON VERBOTSGUT

(1) Der Absender ist verpflichtet, vor dem Abschluss des Beförderungsvertrages zu erklären, ob Inhalt der Sendung die in Absatz 2 näher bestimmten ausgeschlossenen Güter („Verbotsgüter") sind. DHL erklärt bereits jetzt, dass DHL im Grundsatz keine Beförderungsverträge über Verbotsgüter schließt. Schaltermitarbeiter, Zusteller, Abholfahrer und andere, nicht leitende Mitarbeiter der DHL und sonstige Erfüllungsgehilfen sind nicht berechtigt, Beförderungsverträge über Sendungen mit Verbotsgütern zu schließen. DHL akzeptiert die Übergabe von Sendungen durch oder für den Absender und deren Übernahme in die Obhut der DHL oder von ihr beauftragter Unternehmen (Einlieferung bzw. Abholung) als Nachweis des Abschlusses des Beförderungsvertrages nur, wenn Inhalt der Sendung kein Verbotsgut ist. Der Absender kann die Übernahme von Sendungen, die Verbotsgüter enthalten, nicht als Annahme seines Angebots auf Abschluss eines Beförderungsvertrages verstehen. Entgegenstehenden Allgemeinen Geschäftsbedingungen des Absenders wird hiermit ausdrücklich widersprochen.

(2) Verbotsgüter sind:

1. Sendungen, deren Inhalt, äußere Gestaltung, Beförderung oder Lagerung gegen ein gesetzliches oder behördliches Verbot verstoßen oder, ohne Abschluss einer entsprechenden speziellen Einzelvereinbarung, besondere Einrichtungen (z. B. für temperaturgeführtes Gut), Sicherheitsvorkehrungen oder Genehmigungen erfordern; dazu gehören auch Sendungen, deren Inhalt gegen Vorschriften zum Schutz geistigen Eigentums verstößt einschließlich gefälschter oder nicht lizenzierter Kopien von Produkten (Markenpiraterie);
2. Sendungen, durch deren Inhalt oder äußere Beschaffenheit Personen verletzt, infiziert oder Sachschäden verursacht werden können;
3. Sendungen, die lebende Tiere oder sterbliche Überreste von Menschen enthalten; ausgenommen sind Urnen sowie wirbellose Tiere wie Bienen-Königinnen und Futterinsekten, sofern der Absender sämtliche Vorkehrungen trifft, die einen gefahrlosen, tiergerechten Transport ohne Sonderbehandlung sicherstellen;
4. Sendungen, deren Beförderung gefahrgutrechtlichen Vorschriften unterliegt; für Ausnahmefälle gelten die „Regelungen für die Beförderung von gefährlichen Stoffen und Gegenständen"; die Regelung des § 410 HGB bleibt unberührt;
5. Sendungen mit einem tatsächlichen Wert von mehr als 25.000,- EURO brutto; die Haftungsbeschränkungen gemäß Abschnitt 6 bleiben von dieser Wertgrenze unberührt;
6. Sendungen, die Geld, Edelmetalle, Schmuck, Uhren, Edelsteine, Kunstgegenstände, Antiquitäten, Unikate und sonstige Kostbarkeiten, Scheck-, Kreditkarten, gültige Briefmarken, gültige Telefonkarten oder andere Zahlungsmittel oder Wertpapiere, für die im Schadensfall keine Sperrungen sowie Aufgebots- und Ersatzverfahren durchgeführt werden können (Valoren II. Klasse), im Gesamtwert von mehr als 500,- EURO enthalten; Näheres bestimmt die „Übersicht Wertgegenstände";
7. Alle am selben Tage übergebenen Sendungen an denselben Empfänger, die Güter gemäß Ziffer 6 im Gesamtwert von mehr als 500,- EURO enthalten.

(3) DHL ist nicht zur Prüfung von Beförderungsausschlüssen gemäß Absatz 2 verpflichtet. DHL ist jedoch bei Verdacht auf solche Ausschlüsse zur Öffnung und Überprüfung der Sendungen berechtigt. Der Absender kann selbst dann keine Rechte hinsichtlich eines etwaigen Vertragsschlusses, der Behandlung, des geschuldeten Entgelts, der Haftung usw. aus der unbeanstandeten Annahme und Beförderung seiner Sendung herleiten, wenn er diese mit einem Kennzeichen versieht, das auf eine unter die Absätze 2 oder 3 fallende Beschaffenheit verweist oder wenn er in sonstiger Weise auf Verbotsgüter hinweist.

3 MITWIRKUNGSPFLICHTEN DES ABSENDERS

(1) Weisungen des Absenders, mit der Sendung in besonderer Weise zu verfahren, sind nur dann verbindlich, wenn diese in der im Verzeichnis „Leistungen und Preise" oder in einem Einzelvertrag (Kundenvertrag) festgelegten Form erfolgen (Vorausverfügungen). Für Express-Sendungen sind Vorausverfügungen nicht möglich. Der Absender hat keinen Anspruch auf Beachtung von Weisungen, die er DHL nach Übergabe/Übernahme der Sendung erteilt.

(2) Dem Absender obliegt es, ein Produkt von DHL oder ihrer verbundenen Unternehmen mit der Haftung oder Versicherung zu wählen, die seinen Schaden bei Verlust, Beschädigung oder einer sonst nicht ordnungsgemäßen Leistung am ehesten deckt.

(3) Der Absender wird die Sendung ausreichend kennzeichnen, wobei die äußere Verpackung keinen Rückschluss auf den Wert des Gutes zulassen darf. Er wird vollständige und wahrheitsgemäße Angaben zu seiner Sendung machen, die auch im Schadenfall deren eindeutige Identifikation ermöglichen. Insbesondere gibt der Absender, auch für den Fall des Rücktransports nach Unzustellbarkeit, eine vollständige inländische Anschrift (in Deutschland) für seine Person auf der Sendung an. Er wird die Sendung so verpacken, dass sie vor Verlust und Beschädigung geschützt ist und dass auch DHL und Dritten keine Schäden entstehen. Näheres bestimmen die „Versandbedingungen DHL PAKET NATIONAL und INTERNATIONAL". §§ 410, 411 HGB sind zu beachten.

(4) Der Absender trägt die alleinige Verantwortung und das Risiko für alle Folgen, die aus einem – auch nach anderen Bestimmungen als diesen AGB – unzulässigen Güterversand resultieren. Der Absender stellt DHL von jeglichen Ansprüchen Dritter, die aus oder im Zusammenhang mit Verstößen gegen solche Bestimmungen entstehen, frei.

4 LEISTUNGEN DER DHL

(1) DHL befördert die Sendungen zum Bestimmungsort und liefert sie an den Empfänger unter der vom Absender genannten Anschrift ab. DHL unternimmt dabei zwar alle zumutbaren Anstrengungen, um die Sendung innerhalb der Zeitfenster entsprechend ihren eigenen Qualitätszielen (Regellaufzeiten) abzuliefern.

Diese internen zeitlichen Vorgaben sind jedoch weder garantiert noch in sonstiger Weise Vertragsbestandteil, d.h. DHL schuldet nicht die Einhaltung einer bestimmten Lieferfrist, soweit nicht für spezielle Produkte etwas anderes geregelt ist. DHL ist unter Berücksichtigung der Interessen des Absenders freigestellt, Art, Weg und Mittel der Beförderung zu wählen und sämtliche Leistungen durch Subunternehmer (Unterfrachtführer) erbringen zu lassen.

(2) DHL nimmt die Ablieferung (Zustellung) unter der auf der Sendung angebrachten Anschrift durch Aushändigung gegen Empfangsbestätigung an den Empfänger, an seinen Ehegatten oder an einen durch schriftliche Vollmacht des Empfängers ausgewiesenen Empfangsberechtigten (Empfangsbevollmächtigter) vor. Sendungen an Empfänger in Gemeinschaftseinrichtungen (z.B. Haftanstalten, Gemeinschaftsunterkünften, Krankenhäusern) können an eine von der Leitung der Einrichtung mit dem Empfang von Sendungen beauftragte Person (Empfangsbeauftragter) zugestellt werden. Satz 1 und Satz 2 gelten nur, soweit DHL nichts anderweitiges, wie z. B. Lagerung, Nachsendung oder Zustellung durch Ablage an einem vereinbarten Ort oder durch Einlegen in eine DHL-Packstation, mit dem Empfänger bzw. Empfangsbeauftragten vereinbart und der Absender keine entgegenstehenden Vorausverfügungen getroffen hat. Sendungen mit dem Service „Eigenhändig" und Express-Sendungen mit dem Service „Transportversicherung 25.000,- EURO" werden außer dem Empfänger nur einem hierzu schriftlich besonders Bevollmächtigten ausgehändigt. Sendungen mit dem Service „Identitäts- und Altersprüfung" und „DHL EXPRESS IDENT" werden nur an den Empfänger persönlich gegen besondere Identifikation ausgehändigt. Der EXPRESS BRIEF ohne die Services „Eigenhändig" und/oder „Transportversicherung" kann auch durch Einlegen in eine für den Empfänger bestimmte und ausreichend aufnahmefähige Einrichtung (Hausbriefkasten etc.) abgeliefert werden.

(3) DHL darf Sendungen, die nicht in der in Absatz 2 genannten Weise abgeliefert werden können, an einen Ersatzempfänger abliefern. Dies gilt nicht für Sendungen mit dem

DHL Marktkommunikation PAKET – Kenn-Nr. 70.0 – Mat-Nr. 671-069-200 – Stand: 05/2011 – 1 von 2

AGB

Service „Identitäts- und Altersprüfung" und „Eigenhändig" sowie Express- Sendungen mit dem Service „DHL EXPRESS IDENT", „Transportversicherung 25.000,- EURO" und EXPRESS BRIEFE mit dem Service „Transportversicherung 2.500,- EURO". Ersatzempfänger sind

1. Angehörige des Empfängers oder des Ehegatten
2. andere, auch in den Räumen des Empfängers anwesende Personen, sowie
3. Hausbewohner und Nachbarn des Empfängers, sofern den Umständen nach angenommen werden kann, dass sie zur Annahme der Sendungen berechtigt sind und der Zusteller den Empfänger unverzüglich mittels Benachrichtigungskarte über die Sendungen und die Person des Ersatzempfängers (Name und Anschrift des Hausbewohners bzw. Nachbarn) durch Einlegen in die Empfangseinrichtung des Empfängers (Hausbriefkasten etc.) informiert. Eine Ablieferung an Hausbewohner und Nachbarn ist ausgeschlossen, sofern der Absender eine entgegenstehende Vorausverfügung erteilt oder der Empfänger gegenüber DHL durch Mitteilung in Textform eine derartige Ablieferung untersagt hat.

(4) DHL hält Sendungen, deren Ablieferung nach den Absätzen 2 und 3 nicht erfolgt ist, innerhalb einer Frist von sieben Werktagen (einschl. Samstage) beginnend mit dem Tag der auf die versuchte Erstablieferung folgt, zur Abholung durch den Empfänger oder einen Empfangsbevollmächtigten in einer Filiale/Agentur, PACKSTATION oder anderen geeigneten Einrichtung bereit. Dies gilt auch, wenn DHL eine Ablieferung aufgrund außergewöhnlicher Umstände, unverhältnismäßiger Schwierigkeiten oder besonderer Gefahren am Bestimmungsort nicht zumutbar ist.

(5) DHL kann zur Empfangsbestätigung elektronische Mittel einsetzen. Mit Hilfe dieser Mittel wird entweder der gedruckte Name in Verbindung mit der digitalisierten oder elektronischen Unterschrift oder eine andere Identifikation des Empfängers oder der empfangsberechtigten Person (z. B. PIN) dokumentiert.

(6) DHL wird unzustellbare Sendungen zum Absender im Inland zurückbefördern, soweit dies nach den in Abschnitt 1 Abs. 2 genannten Bedingungen für das jeweilige Produkt nicht ausgeschlossen ist; eine (Rück-)Beförderung in das Ausland kann der Absender nicht beanspruchen. DHL wird für unzustellbare Express-Sendungen nach Weisung weitere Zustellversuche oder eine Rückbeförderung gegen besonderes Entgelt vornehmen. Sendungen sind unzustellbar, wenn keine empfangsberechtigte Person im Sinne der Absätze 2 und 3 angetroffen wird und die Abholfrist fruchtlos verstrichen ist, die Annahme durch den Empfänger, seinen Ehegatten oder Empfangsbevollmächtigten verweigert wird oder der Empfänger nicht ermittelt werden kann. Als Annahmeverweigerung gilt auch die Verhinderung der Ablieferung über eine vorhandene Empfangsvorrichtung (z.B. Zukleben/Einwurfverbot), die Weigerung zur Zahlung des Nachentgelts, Nachnahmebetrages oder die Weigerung zur Abgabe der Empfangsbestätigung.

(7) Kann eine unzustellbare Sendung nicht entsprechend der in den Absätzen 2 bis 5 geregelten Weise an den Absender zurückgegeben werden, ist DHL zur Öffnung berechtigt. Ist der Absender oder ein sonstiger Berechtigter nicht zu ermitteln oder ist eine Ablieferung bzw. Rückgabe der Sendung aus anderen Gründen nicht möglich oder nicht zumutbar, ist DHL nach Ablauf einer angemessen Frist zu deren Verwertung nach den gesetzlichen Vorschriften berechtigt. DHL darf Sendungen nach den gesetzlichen Vorschriften sofort verwerten, wenn Empfänger und Absender die Annahme bzw. Rücknahme der Sendung verweigern. Unverwertbares oder verdorbenes Gut oder Sendungen im Sinne des Abschnitts 2 Abs. 2 Ziffer 2 und 4 kann DHL sofort vernichten.

5 ENTGELT (FRACHT UND SONSTIGE BEFÖRDERUNGSKOSTEN)

(1) Der Absender ist verpflichtet, für jede Leistung das dafür im Verzeichnis „Leistungen und Preise" oder einer anderen Preisliste vorgesehene Entgelt zu zahlen. Die Entgelte für Express-Sendungen werden auf der Basis des tatsächlichen Gewichts oder des Volumengewichts berechnet, je nachdem welches Gewicht höher ist. Das Volumengewicht wird auf der Grundlage der jeweils aktuellen IATA-Bestimmungen berechnet. Die Entgelte verstehen sich mangels ausdrücklicher anderweitiger Bestimmung als Nettopreise, zu denen der Absender zusätzlich die gesetzliche Umsatzsteuer (soweit diese anfällt) entrichtet.

(2) Der Absender wird das Entgelt im Voraus, spätestens bei Einlieferung der Sendung zahlen (Freimachung), soweit nicht die in Abschnitt 1 Abs. 2 genannten Bedingungen besondere Zahlungsmodalitäten enthalten. Soweit eine Zahlung nach Rechnung von DHL vereinbart ist, hat die Zahlung innerhalb von zwei Wochen nach deren Eingang ohne Abschlag zu erfolgen. Der Absender hat Einwendungen gegen Rechnungsbeträge innerhalb von 30 Tagen nach Erhalt geltend zu machen; spätere Einwendungen sind ausgeschlossen.

(3) Der Absender wird DHL über das vereinbarte Entgelt hinaus sämtliche Kosten erstatten, die sie aus Anlass der Beförderung der Sendung im Interesse des Absenders verauslagt (Angaben, Lagerentgelte usw.). Der Absender stellt DHL insoweit von sämtlichen Ansprüchen Dritter frei. Der Absender wird ferner die Kosten ersetzen, die aus Anlass einer Lagerung oder Rückbeförderung seiner Sendung gemäß Abschnitt 4 Abs. 6 entstehen. Sämtliche dieser Kosten sind auf Anforderung sofort fällig.

(4) Der Empfänger kann bei unfreien Sendungen das Beförderungsentgelt zuzüglich eines Einziehungsentgelts sowie sonstige auf der Sendung lastende Kosten mit befreiender Wirkung für den Absender bezahlen (Nachentgelt). Verweigert der Empfänger die vollständige Zahlung offener Kosten, gilt dies als Annahmeverweigerung; der Absender bleibt zur Zahlung verpflichtet.

6 HAFTUNG

(1) DHL haftet, wenn ein Beförderungsvertrag geschlossen wurde, für Schäden, die auf eine Handlung oder Unterlassung zurückzuführen sind, die sie, einer ihrer Leute oder ein sonstiger Erfüllungsgehilfe (§ 428 HGB) vorsätzlich oder leichtfertig und in dem Bewusstsein, dass ein Schaden mit Wahrscheinlichkeit eintreten werde, begangen hat, ohne Rücksicht auf die nachfolgenden Haftungsbeschränkungen. Dies gilt mangels Beförderungsvertrages nicht für Schäden im Zusammenhang mit der Beförderung von nicht bedingungsgerechten Sendungen, insbesondere von Verbotsgütern. Für Schäden, die auf das Verhalten ihrer Leute oder Erfüllungsgehilfen zurückzuführen sind, gilt dies nur, soweit diese Personen in Ausübung ihrer Verrichtungen gehandelt haben. DHL haftet ferner unbegrenzt für Schäden aus der Verletzung des Lebens, des Körpers oder der Gesundheit, die auf einer fahrlässigen Pflichtverletzung der DHL oder einer vorsätzlichen oder fahrlässigen Pflichtverletzung eines ihrer gesetzlichen Vertreter oder Erfüllungsgehilfen beruhen.

(2) DHL haftet im Übrigen für Verlust, Beschädigung und Lieferfristüberschreitung von bedingungsgerechten Sendungen sowie für die schuldhaft nicht ordnungsgemäße Erfüllung sonstiger Pflichten nur im Umfang des unmittelbaren vertragstypischen Schadens bis zu den gesetzlichen Haftungsgrenzen. Der Ersatz aller darüber hinausgehenden Schäden ist ausgeschlossen (u.a. entgangener Gewinn, entgangene Zinsen). Dies gilt unabhängig davon, ob DHL vor oder nach der Annahme der Sendung auf das Risiko eines solchen Schadens hingewiesen wurde, da besondere Risiken vom Absender versichert werden können. Schadenersatzleistungen sind auf eine Forderung pro Sendung begrenzt, wobei deren Begleichung die vollständige und abschließende Regelung aller Schäden in diesem Zusammenhang darstellt. DHL ist auch von dieser Haftung befreit, soweit der Schaden auf Umständen beruht, die sie auch bei größter Sorgfalt nicht vermeiden und deren Folgen sie nicht abwenden konnte (z.B. Streik, höhere Gewalt). Die in §§ 425 Abs. 2 und 427 HGB genannten Fälle der Schadensteilung und besonderen Haftungsausschlussgründe bleiben ebenso unberührt wie andere gesetzliche Haftungsbegrenzungen oder Haftungsausschlüsse. DHL haftet mangels Beförderungsvertrages ferner nicht für Schäden im Zusammenhang mit der Beförderung von Verbotsgütern gemäß Abschnitt 2 Absatz 2.

(3) DHL beruft sich im Falle des Verlustes, der Beschädigung oder der schuldhaften Verletzung sonstiger Pflichten nicht auf die gesetzlichen Haftungsgrenzen, soweit der Schaden nicht mehr als 500,- EURO beträgt. Soweit die Einhaltung einer bestimmten Lieferfrist oder eines bestimmten Ablieferungstermins geschuldet ist, ist die Haftung von DHL für die Überschreitung dieser Lieferfrist bzw. die Abweichung von diesem Termin, auf den dreifachen Betrag der Fracht (dreifaches Entgelt) begrenzt.
Die Haftung der DHL für den Service Nachnahme ist bei Fehlern bei der Einziehung oder Übermittlung des Betrages auf den Nachnahmebetrag begrenzt.
Die Haftung der DHL für die Services Rückschein und Eigenhändig ist auf das Zusatzentgelt beschränkt.

(4) Eine Sendung gilt als verloren, wenn sie nicht innerhalb von 20 Tagen nach Einlieferung an den Empfänger abgeliefert ist und ihr Verbleib nicht ermittelt werden kann. Abweichend von § 424 Abs. 3 HGB kann auch die DHL eine Erstattung ihrer nach den Absätzen 1 und 2 geleisteten Entschädigung verlangen.

(5) Die Haftung des Absenders, insbesondere nach § 414 HGB, bleibt unberührt. Der Absender haftet vor allem für den Schaden, der DHL oder Dritten aus der Versendung von Verbotsgütern oder der Verletzung seiner Pflichten gemäß Abschnitt 3 entsteht. Der Absender stellt insoweit DHL von jeglichen Ansprüchen Dritter frei.

7 VERSICHERUNG

(1) DHL schließt im Falle der Vereinbarung des Services „Transportversicherung 2.500 EURO", „Transportversicherung 25.000 EURO" oder „Transportversicherung für DHL Domestic" sowie der Zahlung des entsprechenden Zusatzentgelts eine Transportversicherung zugunsten und auf Rechnung des Absenders ab. Diese Versicherung deckt das Interesse des Absenders an jeder bedingungsgerechten Sendung gegen die Gefahren des Verlustes und der Beschädigung mit der vereinbarten Versicherungssumme je Sendung auf Erstes Risiko.

(2) Vom Versicherungsschutz sind insbesondere nicht gedeckt:

1. Schäden an Sendungen, die Verbotsgüter im Sinne der Ziffer 2 Abs.2 enthalten.
2. Schäden an Sendungen, deren äußere Gestaltung oder Verpackung Rückschlüsse auf den Wert des Gutes zulässt.
3. Schäden, die durch fehlende oder mangelhafte Verpackung oder durch vorsätzliche Herbeiführung des Schadenfalls vom Absender verursacht worden sind.

(3) Die Einzelheiten der Transportversicherung regelt die Broschüre „Transportversicherung".

8 SONSTIGE REGELUNGEN

(1) Der Absender kann Ansprüche gegen DHL, ausgenommen Geldforderungen, weder abtreten noch verpfänden.

(2) Der Absender kann gegen Ansprüche der DHL nur mit rechtskräftig festgestellten oder unbestrittenen Forderungen aufrechnen.

(3) DHL ist berechtigt, die Daten zu sammeln, zu speichern und zu verarbeiten, die vom Absender oder Empfänger im Zusammenhang mit den von ihr durchgeführten Leistungen übermittelt und / oder dafür benötigt werden. Weiterhin ist DHL ermächtigt, Gerichten und Behörden im gesetzlich festgelegten Rahmen Daten mitzuteilen.

(4) Ausschließlicher Gerichtsstand für Rechtsstreitigkeiten mit Kaufleuten, juristischen Personen des öffentlichen Rechts oder öffentlich-rechtlichen Sondervermögen aus Verträgen, die diesen AGB unterliegen, ist Bonn.

Stand 05/2011

DHL Marktkommunikation PAKET – Kenn-Nr. 70.0 – Mat-Nr. 671-069-200 – Stand: 05/2011 – 2 von 2

DHL

1. Für welche Produkte und Leistungen gelten die AGB?

2. Wodurch kommt ein Beförderungsvertrag zwischen DHL und dem Versender zustande?

3. Welche Sendungen sind grundsätzlich verboten?

4. Wie hat der Absender die Sendung zu verpacken?

5. Welche Regelleistung erbringt DHL bei der Paketbeförderung?

6. An wen kann eine Sendung ersatzweise ausgeliefert werden?

7. Was passiert, wenn eine Auslieferung nicht möglich ist?

8. Wann und wo ist das Entgelt für die Beförderung zu entrichten?

____

____

____

9. Wie haftet DHL

a) bei Verlust oder Beschädigung der Sendung?

____

b) bei Lieferfristüberschreitung?

____

c) bei Nachnahmefehlern?

____

10. Wofür haftet DHL nicht?

____

____

Arbeitsblatt 9: Eine Sendung per Nachnahme versenden

Situation

Sie sind im Versand der Großbäckerei FRIWE in Nürnberg tätig, machen ein Paket für einen Kunden versandfertig und übergeben das Paket am DHL-Schalter der Post.

Absender: Großbäckerei FRIWE Nürnberg Kressengartenstraße 2 90402 Nürnberg BLZ 900343417 Konto Nummer 123456789 Kreditinstitut Postbank Nürnberg
Sendung Nachnahme 110,00 EUR DHL Paket: 100 cm × 60 cm × 60 cm Gewicht der Sendung: 29,5 kg
Empfänger: Delikatessenhandlung Schmacki Hafnerstraße 3 97070 Würzburg

DHL Paket Auszug aus dem Internet

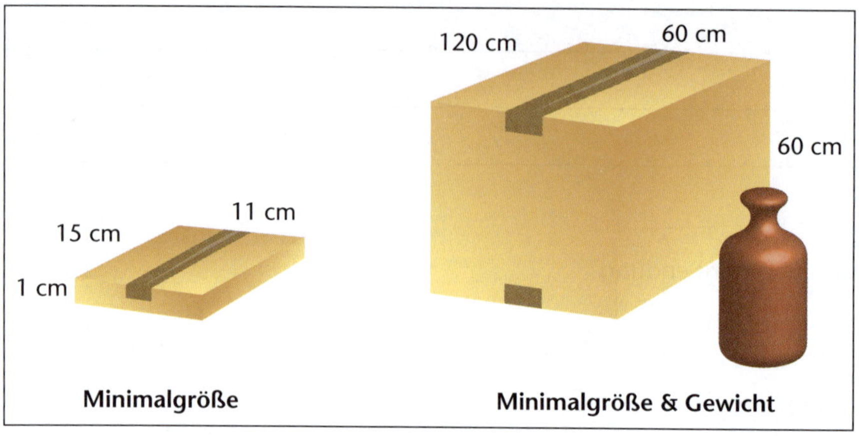

Preise im Überblick

Gewicht	Filial-Preis in EUR*	Online-Preis in EUR*
bis 2 kg[2]	-	4,90
bis 10 kg[1]	6,90	5,90
bis 20 kg	11,90[3]	10,90[3]
bis 31,5 kg	13,90[3]	12,90[3]

** Alle Preise sind Endpreise und nach UStG umsatzsteuerfrei soweit zu den einzelnen Preisangaben nicht Abweichendes angegeben ist.*

[1] max. Gurtmaß (= L + 2 x B + 2 x H) für DHL Pakete bis 10 kg: 300 cm

[2] max. 60 × 30 × 15 cm

[3] Preis inkl. gesetzlicher Umsatzsteuer

Nachnahme

Sie möchten sichergehen, dass Sie Ihr Geld für die versendete Ware erhalten?
Mit dem Service Nachnahme erfolgt die Übergabe des DHL Pakets erst nach Zahlung des offenen Betrags an den Kunden. So können Sie als Versender sicher gehen, dass Sie Ihr Geld erhalten.

- **+5,00 EUR**[1] zzgl. zum Preis des Pakets
- **2,00 EUR** des eingezogenen Betrags wird als Übermittlungsentgelt einbehalten (nicht bei Unzustellbarkeit)
- Höchstbetrag für den Einzug: 3 500,00 EUR
- Zahlung des offenen Betrags ausschließlich in bar
- Den Nachnahme-Aufkleber sowie den notwendigen Überweisungsbeleg erhalten Sie in Ihrer Filiale.

Quelle: Deutsche Post AG: DHL Paket – Produktinformationen, Zugriff am 08.04.2013 unter: http://www.dhl.de/de/paket/pakete-versenden/deutschlandweit-versenden/paket.html

1. Welchen Betrag bezahlen Sie am Schalter bei der Übergabe des Paketes?

2. Welchen Betrag bezahlt die Delikatessenhandlung Schmacki?

3. Bis zu welchem Wert ist das Paket versichert?

4. Füllen Sie die Paketkarte aus.

DHL Paket und Päckchen Deutschland + EU

DHL

Absender / Expéditeur

Postleitzahl Ort

Deutschland / Allemagne

(96)993017

Empfänger / Destinataire

Tel. (nur bei EU-Versand oder Sperrgut)

Straße und Hausnummer (deutschlandweit kein Postfach)

Postleitzahl Ort

Bestimmungsland / Pays de destination

912-685-000 01/10

Bitte hier frankieren mit:
Paketmarken (für Pakete)
Briefmarken (für Päckchen)

Zulässige Maße und Gewichte: siehe Rückseite.

Die DHL PAKETMARKE EU ist für den Versand in folgende Länder gültig: Belgien, Bulgarien, Dänemark (außer Färöer, Grönland), Estland, Finnland (außer Ålandinseln), Frankreich inkl. Monaco (außer überseeische Gebiete und Departements), Griechenland (außer Berg Athos), Großbritannien (außer Kanalinseln), Irland, Italien (außer Livigno und Campione d'Italia), Lettland, Litauen, Luxemburg, Malta, Niederlande (außer außereuropäische Gebiete), Österreich, Polen, Portugal, Rumänien, Schweden, Slowakei, Slowenien, Spanien (außer Kanarische Inseln, Ceuta, Melilla), Tschechische Republik, Ungarn, Zypern (außer Nordteil)

Wünschen Sie zusätzliche Services? Bitte hier Servicemarken aufkleben.

Weitere Informationen: siehe Rückseite.

Auftragnehmer (Frachtführer) ist die Deutsche Post AG. Es gelten für Päckchen die AGB BRIEF NATIONAL bzw. INTERNATIONAL und für Pakete die AGB DHL PAKET / EXPRESS NATIONAL bzw. PAKET INTERNATIONAL in der jeweils zum Zeitpunkt der Einlieferung gültigen Fassung. Der Absender versichert, dass keine danach ausgeschlossenen Güter in der von ihm eingelieferten Sendung enthalten sind.

5. Nennen Sie sechs weitere Zusatzleistungen im Paketversand.

Arbeitsblatt 10: Schienengüterverkehr

1. Welche grundlegenden Leistungsangebote bietet der Schienengüterverkehr?

2. Für den Gütertransport mit der Bahn können verschiedene Güterwagen genutzt werden. Ordnen Sie die abgebildeten Güterwagen dem Wagentyp zu und ergänzen Sie die Gattungsbuchstaben.

Abbildung 1

Abbildung 2

Abbildung 3

Abbildung 4

Abbildung 5

Abbildung 6

Wagentyp	Gattung	Abbildung	Wagentyp	Gattung	Abbildung
Wagen für Druckluft entladung	______	______	Zweiachsiger Flachwagen	______	______
Offene Wagen	______	______	Vierachsiger Drehgestellflachwagen	______	______
Gedeckte Wagen	______	______	Sechsachsiger Drehgestellflachwagen	______	______

3. Für den Wagenladungsverkehr sucht die Spedition Euroline geeignete Bahnwagen. Recherchieren Sie im Internet unter www.stinnes-freight-logistic.de/güterwagenkatalog und wählen Sie für die jeweilige Sendung einen geeigneten Wagentyp aus. Ergänzen Sie dazu die folgende Tabelle.

Gewicht	Sendungen	Wagentyp – Gattung
36 t	18-m lange Stahlträger	
42 t	Kies	
54 t	5 Coils für den Karosseriebau	
27 t	Zement, lose	
38 t	7 Stahlblechtafeln	
46 t	2 Wechselbrücken	
23 t	16 Pkw	
22 t	15 Papierrollen für den Zeitungsdruck	
40 t	Schrott	
30 t	30 Euro-Paletten mit Elektroartikeln	

4. Ein 42-t-Autotransporter aus Erlangen nutzt in Nürnberg die Rollende Landstraße bis Trento (Italien) und liefert die mitgeführten Pkws am nächsten Tag in Arco am Gardasee beim Autohändler ab.

   a) Beschreiben Sie den Transportverlauf.

   ▪ ______________________________

-
-
-

b) Welche Vorteile hat der Transport auf der Rollenden Landstraße?

-
-
-

Situation

Die Pumpen- und Verdichter GmbH in 04129 Leipzig, Fabrikstraße 3 versendet Pumpen und Zubehör im Wagenladungsverkehr an die Gruner Vertriebs GmbH, Gertnerstraße 3 in 9586 Villach (Österreich). Die Pumpen- und Verdichter GmbH nutzt ein Freiladegleis in 04439 Engelsdorf Gvst 234716. Die Gruner Vertriebs GmbH hat einen eigenen Gleisanschluss in Villach.

Absender: Pumpen- und Verdichter GmbH 04129 Leipzig, Fabrikstraße 3 Tel.: 49341/123450 Fax: 49341/123451 Kundencode: 123456	Empfänger: Gruner Vertriebs GmbH, Gertnerstraße 3 in 9586 Villach Tel.: 434242/89674 Fax: 434242/89673 Kundencode: 654321

Informationen zur Sendung:

Bestellung vom 30.07.20... Lieferung am 6.08.20...	
Pumpen und Zubehör	NHM Code 84135069
52 Europaletten	Bruttogewicht 44932 kg
Beilagen:	Lieferschein 334455/12
Wagennummer:	H-310-393-612-8
Wagen steht am 05.08.20.. ab 07:00 Uhr zur Beladung bereit	
Frachtkosten:	3346,20 EUR übernimmt der Empfänger

5. a) Welchen Wagentyp empfehlen Sie für die Versendung?

b) Informieren Sie sich über Incoterms 2010 (International Commercial Terms). Welche Klausel steht für die Übernahme der gesamten Transportkosten durch den Empfänger?

c) Füllen Sie den Frachtbrief aus.

1 – 30 A remplir par l'expéditeur / Vom Absender auszufüllen

X Désigner par une croix ce qui convient – Zutreffendes ankreuzen (Cases – Felder 20, 22, 23, 30, 52, 58)

Nonobstant toute clause contraire, le transport des marchandises est soumis aux Règles uniformes CIM. Sont en outre applicables les conditions générales de transport du transporteur. Die Beförderung von Gütern unterliegt auch bei einer gegenteiligen Abmachung den Einheitlichen Rechtsvorschriften CIM. Ausserdem sind die Allgemeinen Beförderungsbedingungen des Beförderers anwendbar.

Sauf convention contraire, l'acheminement des wagons vides est soumis aux Règles uniformes CUV. Sont en outre applicables les conditions contractuelles topiques de l'entreprise de transport ferroviaire. Die Beförderung von Leerwagen unterliegt unter Vorbehalt gegenteiliger Abmachung den Einheitlichen Rechtsvorschriften CUV. Im Übrigen gelten die einschlägigen Vertragsbedingungen des Eisenbahnverkehrsunternehmens.

30 **Lettre de voiture CIM / Frachtbrief CIM** ☐ **Lettre wagon CUV / Wagenbrief CUV** ☐

40 41 42 43 44 45 46 47

Point – Punkt 6, 7, 8

1 Expéditeur (nom, adresse) – Absender (Name, Anschrift)
Signature / Unterschrift
Nº TVA / MWSt.-Nr.

2

3

E-Mail
Tel.
Fax

7 Déclarations de l'expéditeur / Erklärungen des Absenders

8 Référence expéditeur – Absender Referenz

4 Destinataire (nom, adresse, pays) / Empfänger (Name, Anschrift, Land)
Nº TVA / MWSt.-Nr.

5

6

E-Mail
Tel.
Fax

9 Annexes – Beilagen

10 Lieu de livraison / Ablieferungsort
Gare – Bahnhof
Pays – Land

11

12

16 Prise en charge / Übernahme — mois – jour – heure / Monat – Tag – Stunde
Lieu – Ort

17

18 Wagon Nº – Wagen Nr.

19 Parcours – Strecke — par – durch — Facturation transit / Transitfakturierung

13 Conditions commerciales – Kommerzielle Bedingungen

14

15 Informations pour le destinataire – Vermerke für den Empfänger

20 **Paiement des frais / Zahlung der Kosten** — y compris – einschliesslich — jusqu'à – bis
☐ Franco de port / Franko Fracht
☐ Incoterms

21 Désignation de la marchandise / Bezeichnung des Gutes

22 Transport exceptionnel / Aussergewöhnliche Sendung — oui / ja ☐

23 RID — oui / ja ☐

24 NHM Code

25 Masse

26 Déclaration de valeur / Wert des Gutes — Monnaie

27 Intérêt à la livraison / Interesse an der Lieferung — Währung

28 Remboursement / Nachnahme — Monnaie

99 Indications douanières / Zollamtliche Vermerke

48 Vérification / Überprüfung
par – durch

A / B / C — 70 Parcours / Strecke — 71 — 72 — 73 — 74 — 75 — 76 — 77 — 78 — 79 — Frais / Gebühren

49 Code d'affranchissement / Frankaturcode

50 Itinéraires – Leitungswege

51 Opérations douanières – Zollbehandlung

52 Bulletin d'affranchissement / Frankaturrechnung — oui / ja ☐ — renvoyé / zurückgesandt — mois – jour / Monat – Tag

53 Avis d'encaissement Nº / Nachnahmebegleitschein Nr. — renvoyé / zurückgesandt — mois – jour / Monat – Tag

54 Procès-verbal Nº / Tatbestandsaufnahme Nr. — établi par / erstellt durch — mois – jour / Monat – Tag

55 Prolongation du délai de livraison – Lieferfristverlängerung
Code — du – von — au – bis — lieu – Ort

56 Déclarations du transporteur – Erklärungen des Beförderers

57 **Autres transporteurs – Andere Beförderer**
Nom, adresse – Name, Anschrift — Parcours – Strecke — Qualité / Eigenschaft

58 a) Transporteur contractuel – Vertraglicher Beförderer
Signature – Unterschrift
b) Procédure simplifiée de transit ferroviaire / Vereinfachtes Eisenbahnversandverfahren — oui / ja ☐
Code principal obligé / Code Hauptverpflichteter

59 Date d'arrivée – Ankunftsdatum
Arrivage Nº – Empfangs-Nr.
Original **1**

60 Mise à disposition / Bereitgestellt — mois – jour – heure / Monat – Tag – Stunde

61 Quittance du destinataire / Empfangsbescheinigung
Date, signature – Datum, Unterschrift

62 **Identification de l'envoi / Sendungs-Identifikation** — Pays – Land — Gare – Bahnhof
Entreprise / Unternehmen — Exp. Nº / Versand Nr.

29 Lieu et date d'établissement – Ort und Datum der Ausstellung

d) Wer ist nach den CIM-Frachtrecht für verantwortlich für:
- Erstellen des Frachtbriefes

____

- Verpacken und Kennzeichnen des Transportgutes

____

- Verladen im Waggon

____

- Einhaltung der Lieferfrist

____

- Entladen des Waggons

____

- Säubern des Waggons

____

e) Die Sendung kommt durch einen Planungsfehler der Rail Austria einen Tag verspätet an. In welcher Höhe haftet der Frachtführer nach dem CIM-Frachtrecht?

Arbeitsblatt 11: Schifffahrt

1. Ergänzen Sie den unten stehenden Lückentext mit den entsprechenden Begriffen aus der Wörterliste.

Wörterliste alphabetisch:

Bremen	Hamburg	Main-Donau-Kanal	Seehäfen
Donau	Kanälen	Meldeadresse	Stralsund
Elbe	Küstenschifffahrt	Oder	Verkehrsträger
Flensburg	Ladeliste	Rhein	Weser
Frachtbrief	Ladeschein	Sassnitz	Wilhelmshaven

Die Schifffahrt stellt einen wichtigen ____________________ in der Bundesrepublik Deutschland dar. Grundsätzlich werden See- und Binnenschifffahrt unterschieden.

Seeschifffahrt

Sie findet auf den Weltmeeren als Seeverkehr und entlang der deutschen Nord- und Ostseeküste als

________________________ statt.

Seeschiffe landen an den deutschen ________________ und übernehmen oder löschen dort ihre Ladung. Je drei Beispiele dafür sind an der Nordsee ________________, ________________ und ________________________ sowie an der Ostsee ____________________, ________________ und ________________.

Binnenschifffahrt

Im Landesinneren werden Güter auf Flüssen und ________________ transportiert.

Natürlich vorgegebene Hauptverkehrslinien sind dabei im Westen der ________________, im Norden die ____________ und die ________________, im Osten die ________________ und im Süden die ______________.

Manche Verbindungen aber mussten künstlich geschaffen werden, damit Massengüter möglichst weit innerhalb Deutschlands verbracht werden können. So ermöglicht der ________________________ einen Transport von der Nordsee in den Südosten Deutschlands und sogar bis ans Schwarze Meer.

Begleitpapiere

Ein mögliches Begleitpapier des Schiffers ist der ____________________. Er dient als Beweis dafür, dass ein Frachtvertrag geschlossen wurde.

Sicherer aber ist der ____________________, weil der Schiffer die Ladung damit nur an den Empfänger selbst oder eine berechtigte Person übergeben darf. Häufig wird auch eine ____________________ genannt, weil der Empfänger nicht selbst am Empfangsort wohnt oder dort keine Niederlassung hat.

Notwendig kann auch eine ________________ sein: Sie erleichtert den Überblick über die verschiedenen Güter, die geladen sind, und die Stationen, an denen ein- oder ausgeladen werden soll.

2. Vom Binnenhafen Duisburg sollen 1 400 t Stahl per Binnenschiff nach Magdeburg transportiert werden.

   a) Suchen Sie mithilfe der Abbildung „Bundeswasserstraßen" einen geeigneten Weg zum Ziel.

BUNDESWASSERSTRASSEN

- Wasser- und Schifffahrtsverwaltung des Bundes

WSV.de

Bundesministerium für Verkehr, Bau und Stadtentwicklung

Schutzvermerk ISO 16016 beachten.

SÜDWEST	Bezeichnung einer Wasser- und Schifffahrtsdirektion		Grenze zwischen Wasser- und Schifffahrtsdirektionen
MAINZ ■	Sitz einer Wasser- und Schifffahrtsdirektion		Grenze zwischen Wasser- und Schifffahrtsämtern
Bingen ◆	Sitz eines Wasser- und Schifffahrtsamtes u. dgl.		WaStr-Klasse 0 - III
KARLSRUHE ●	Sitz einer Oberbehörde / Bundesanstalt		WaStr-Klasse IV - VI

Bundeswasserstraßen, die eine Länge von unter 5 km aufweisen, sind maßstabsbedingt teilweise nicht dargestellt.

Kartographie: Fachstelle für Geoinformationen Süd, Regensburg

Hafen Duisburg

Magdeburg

b) Finden Sie heraus, welche Sehenswürdigkeit und verkehrstechnische Besonderheit hier abgebildet ist. Bestimmen Sie dabei das obere und das untere Gewässer.

© *http://www.wsv.de*

c) Begründen Sie, warum die Schifffahrt auf dem kürzesten Wasserweg zwischen Hafen Duisburg und Magdeburg meist keine Probleme mit Hoch- oder Niedrigwasser haben wird.

3. Ergänzen Sie die folgende Tabelle so, dass sich jeweils ein ergänzendes Begriffspaar ergibt (entsprechend dem Beispiel in der ersten Zeile).

Seeschifffahrt	Binnenschifffahrt
Partikuliere	
Linienschifffahrt	
Stückgutversand	
Vollcharterung	

4. Tragen Sie in die Tabelle zu allen gegebenen Kriterien eine zutreffende Bemerkung für die Verkehrsmittel ein.

	Binnenschiff	Lkw	Eisenbahn
Ladekapazität			
Transportgeschwindigkeit			
Eignung für Güter			
Just-in-time-Fähigkeit			
Umweltverträglichkeit			
Zuverlässigkeit			
Kostengünstigkeit			

5. Finden Sie für die nachfolgenden Beschreibungen die entsprechenden Begriffe aus der Schifffahrt. Tragen Sie die Begriffe als Überschrift ein.

a) ______________________________

Die Schiffe verkehren nach festen Fahrplänen zwischen den Häfen eines Verkehrsgebietes. Häufig werden dabei Stückgutverträge geschlossen.

b) ______________________________

Verschiedene Reedereien vereinbaren einheitliche Beförderungsbedingungen und gemeinsame Fahrpläne. Damit soll z. B. ein „ruinöser Wettbewerb" vermieden werden.

c) ______________________________

Verschiedene Schifffahrtsgesellschaften schließen sich zusammen, um einheitliche Bedingungen und Tarife anzubieten.

d) ______________________________

Diese Person oder dieses Unternehmen transportiert die Güter über See und erhält im Gegenzug die Fracht.

e) ______________________________

Mit diesem Dokument verpflichtet sich der Verfrachter, die Güter gemäß dem Auftrag zu transportieren.

f) ______________________________

____

Darin werden Stoffe und Gegenstände entsprechend ihrer Gefährlichkeit klassifiziert. Um die Gefährlichkeit nach außen hin erkennbar zu machen, müssen verschiedene Kennzeichen angebracht werden.

Situation

Sie arbeiten als Fachkraft im Lagerbereich bei einer Spedition in Stuttgart. Für den Auftrag eines Druckmaschinen-Herstellers sollen Sie die Route planen und die notwendigen Schritte ergreifen.
Zehn Druckmaschinen und notwendige Zubehörteile im Gesamtgewicht von 1 200 t müssen innerhalb von drei Wochen vom Hersteller in Heidelberg nach Bremerhaven transportiert werden, wo die Verschiffung für den Überseetransport nach Brasilien erfolgen wird.

6. a) Welche(n) Verkehrsträger wählen Sie für diese Tour (mit Begründung)?

b) Markieren Sie die von Ihnen festgelegte Tour in der Karte „Bundeswasserstraßen" in gelber Farbe und beschreiben Sie sie hier in Worten.

c) Welche Begleitpapiere sind für Ihre Route notwendig?

d) Suchen Sie eine Alternativ-Route für diesen Transport und beschreiben Sie diese hier. Tragen Sie diese in grüner Farbe in die Karte ein.

e) Warum sollten Sie immer eine „Ausweichmöglichkeit" zur Entscheidung heranziehen?

f) Mit wem nehmen Sie für die Durchführung des Transports Kontakt auf?

Arbeitsblatt 12: Luftfracht

1. Was bedeutet der Begriff „IATA"?

2. Als Mitarbeiter einer Spedition sollen Sie entscheiden, ob es sinnvoll ist, die folgenden Güter per Luftfracht zu versenden. Begründen Sie Ihre Antwort.

   a) Eine Flaschen-Befüllanlage im Gewicht von 250 Tonnen:

   b) Ein Elefantenbulle aus Afrika für den Zoo in Karlsruhe mit einem Gewicht von 2,40 Tonnen:

   c) 400 Kisten Aprikosen aus Israel mit einem Gesamtgewicht von 8 Tonnen:

d) Die St.-Edwards-Krone aus den Britischen Kronjuwelen für eine Ausstellung in New York, geschätztes Gewicht 2,25 Kilogramm:

e) Eine menschliche Leber aus Schweden für eine Transplantation, Gewicht etwa 1 500 Gramm:

Situation

Für den Transport von dringend benötigten Maschinenteilen in zwei Kisten (Bruttogewicht 200 kg, 1,480 m^3) zur Fertigstellung eines Wasserkraftwerkes in Nairobi (Kenia) entscheidet sich die Wasser- und Sonnenkraft AG, 84032 Landshut, Benzstraße 6, für eine Beförderung per Luftfracht bei LH CARGO.

3. a) Als Mitarbeiter der Wasser- und Sonnenkraft AG sind Sie damit beauftragt, den nachfolgend abgebildeten Luftfrachtbrief auszufüllen.

Weiter stehen Ihnen folgende Angaben zur Verfügung:

Empfänger:	Waters Ltd. Key Lands Box 4563 Nairobi (Kenia)
Flug:	ab München (MUC), geplant 07:05 Uhr, heute LH 4711/11 an Nairobi (NBO), geplant 14:35 Uhr, heute
Berechnetes Gewicht:	235 kg
Fracht:	634,60 EUR (Mit LH CARGO durch den Leiter-Export vereinbart)
Steuern:	70,00 EUR

Nicht aufgeführte Daten für den Transport brauchen auch im Air Waybill nicht eingetragen zu werden.

b) Nachträglich müssen weitere Teile zum Kraftwerk in Nairobi geliefert werden, die zum Teil Beförderungsbeschränkungen unterliegen.
Wird LH CARGO die Beförderung der Teile übernehmen? Geben Sie Ihre Entscheidung mit Begründung an.

c) Der Luftfrachtbrief liegt Ihnen in englischer Spache vor. Übersetzen Sie die englischen Begriffe und Texte in die deutsche Sprache und übernehmen Sie diese auf einem eigenen Blatt in Ihre Englischunterlagen.

Shipper's Name and Address

Shipper's account Number

Not negotiable

Air Waybill
Issued by

Copies 1, 2 and 3 of this Air Waybill are originals and have the same validity

Consignee's Name and Address

Consignee's account Number

It is agreed that the goods described herein are accepted in apparent good order and condition (except as noted) for carriage SUBJECT TO THE CONDITIONS OF CONTRACT ON THE REVERSE HEREOF. ALL GOODS MAY BE CARRIED BY ANY OTHER MEANS INCLUDING ROAD OR ANY OTHER CARRIER UNLESS SPECIFIC CONTRARY INSTRUCTIONS ARE GIVEN HEREON BY THE SHIPPER, AND SHIPPER AGREES THAT THE SHIPMENT MAY BE CARRIED VIA INTERMEDIATE STOPPING PLACES WHICH THE CARRIER DEEMS APPROPRIATE. THE SHIPPER'S ATTENTION IS DRAWN TO THE NOTICE CONCERNING CARRIER'S LIMITATION OF LIABILITY. Shipper may increase such limitation of liability by declaring a higher value for carriage and paying a supplemental charge if required.

Issuing Carrier's Agent Name and City

Accounting Information

Agent's IATA Code

Account No.

Airport of Departure (Addr. of first Carrier) and requested Routing

Reference Number

Optional Shipping Information

to | By first Carrier | Routing and Destination | to | by | to | by | Currency | CHGS Code | WT/VAL PPD COLL | Other PPD COLL | Declared Value for Carriage | Declared Value for Customs

Airport of Destination

Requested Flight / Date

Amount of Insurance

INSURANCE - If carrier offers insurance, and such insurance is requested in accordance with the conditions thereof, indicate amount to be insured in figures in box marked "Amount of Insurance".

Handling Information

SCI

No. of Pieces RCP	Gross Weight	kg lb	Rate Class / Commodity Item No.	Chargeable Weight	Rate / Charge	Total	Nature and Quantity of Goods (incl. Dimensions or Volume)

Prepaid | Weight Charge | Collect

Other Charges

Valuation Charge

Tax

Total other Charges Due Agent

Shipper certifies that the particulars on the face hereof are correct and that insofar as any part of the consignment contains dangerous goods, such part is properly described by name and is in proper condition for carriage by air according to the applicable Dangerous Goods Regulations.

Total other Charges Due Carrier

Signature of Shipper or his Agent

Total prepaid | Total collect

Currency Conversion Rates | cc charges in Dest. Currency

Executed on (Date) at (Place) Signature of Issuing Carrier or its Agent

For Carrier's Use only at Destination | Charges at Destination | Total collect Charges

ORIGINAL 3 (FOR SHIPPER)

Printed in Germany · Druckhaus Stelljes 01.2002 · IATA-Resolution 600a

4. Ergänzen Sie den folgenden Lückentext nach Bearbeitung des Kapitels „Luftfracht" aus dem Lehrbuch.

Von vielen deutschen Flughäfen werden Güter als ______________________ in die ganze Welt verschickt.

In Frachtflugzeugen, aber auch in Passagiermaschinen, für Spezialfälle auch mit ________________ werden Güter transportiert. Am größten deutschen Flughafen (gemessen am Frachtaufkommen), ___________________________, wurden im Jahr 2011 etwa 2,2 Millionen Tonnen an Fracht be- und entladen.

Häufig sind die Güter in speziellen Behältern, den sogenannten ____________________________ (ULDs) gepackt. Das bietet verschiedene Vorteile:

- bessere ______________________ des zur Verfügung stehenden Raumes,
- ______________________ des Be- und Entladevorgangs,
- weniger Schäden an den Sendungen.

Für fast jeden Zweck gibt es ULDs, auch ____________________________ für temperaturempfindliche Güter oder Tiercontainer.

Als Begleitpapier für die Luftfracht ist der ____________________________ (Air Waybill) vorgeschrieben. Er muss in ______________________ Sprache ausgefüllt werden und dient unter anderem als Nachweis dafür, dass ein Luftfrachtvertrag abgeschlossen wurde.

Die Kosten für diesen Luftfrachtvertrag können dem ___________________________ (TACT) entnommen werden. Allerdings ist zu beachten, dass jeder Transporteur seine Preise grundsätzlich selbst festlegen kann. Also gilt auch hier: Mehrere Angebote einholen und Preise vergleichen! Dies gilt umso mehr, weil sich die Fluggesellschaften vorwiegend in ihren _____________________ wie Lagerung oder Zollabfertigung unterscheiden.

Wie bei anderen Verkehrsträgern auch darf aber nicht jedes Gut zusammen mit anderen oder überhaupt transportiert werden: Auch bei der Luftfracht gibt es ____________________________, die beachtet werden müssen.

Arbeitsblatt 13: Internationaler Versand

1. Erklären Sie den Begriff „Zoll".

- ____
- ____

2. Lesen Sie den folgenden Text und markieren Sie die Tätigkeiten des Zolls, die darin angesprochen sind. Tragen Sie anschließend die markierten Textstellen in die unten vorgegebenen Zeilen ein.

Hauptzollamt Regensburg mit Rekordeinnahmen

Regensburg – Erstmals seit seinem Bestehen hat das Hauptzollamt Regensburg im vergangenen Jahr über eine Milliarde Euro eingenommen. Laut eigenen Angaben stellten den größten Anteil daran die Einfuhrumsatzsteuer (532 Mio. EUR) sowie die Verbrauchssteuern (543 Mio. EUR), zu denen unter anderem die Stromsteuer (426 Mio. EUR) und die Mineral- und Energiesteuer (101 Mio. EUR) zählen. Die Leiterin der Behörde, Margit Brandl, erklärte, damit befinde man sich unter den erfolgreichsten Hauptzollämtern der Republik. Hinsichtlich der Bekämpfung des Drogenschmuggels gebe es ebenso Grund zur Freude: Im letzten Jahr konnten 175 Kilogramm harte Drogen beschlagnahmt werden, davon 150 Kilogramm Heroin. Ferner wurden 3,5 Millionen unversteuerte Zigaretten, 5100 verbotene oder gefälschte Medikamente und 321 Waffen sichergestellt. Durch die Marken- und Produktpiraterie entstand ein wirtschaftlicher Schaden von rund 1,1 Millionen Euro; Ermittlungserfolge in Sachen Schwarzarbeit zogen Geldbußen in Höhe von knapp 900 000 EUR nach sich.

Aufgaben des Zolls:

- ______________________________
- ______________________________
- ______________________________
- ______________________________

Situation

Als Mitarbeiter eines Elektronik-Großhändlers in Nürnberg sind Sie mit der Zollabwicklung für importierte bzw. zu exportierende Waren beauftragt. Eine Auszubildende im 1. Jahr ist Ihrer Abteilung zugeteilt und möchte Auskünfte darüber erhalten, ob Zoll erhoben wird.
Begründen Sie kurz Ihre Entscheidung.

3. a) „Die 70 Monitore für den Export nach Monaco sind fertig zum Versand."

____

b) „Im Hamburger Freihafen sind die Bauteile aus Japan eingetroffen."

____

c) „Bei der Lieferung aus der Schweiz liegen Präferenzpapiere. Was bedeutet das?"

___

___

___

4. Finden Sie für die nachfolgenden Beschreibungen die entsprechenden Begriffe aus dem Zollwesen. Tragen Sie die Begriffe als Überschrift ein.

a) ___

In verschiedenen Vereinbarungen wird bestimmt, dass nur eine reduzierte Abgabe bei der Einfuhr von Waren zu bezahlen ist. Voraussetzung dafür ist, dass die Herkunft der Waren durch ein Dokument bestätigt ist.

b) ___

Hierbei werden Güter aus einem Drittland in das Gebiet der Europäischen Union gebracht.

c) ___

Hierbei werden Güter z. B. aus Frankreich nach Deutschland gebracht.

5. Erklären Sie die folgenden Begriffe aus dem Zollwesen.

a) Wertzoll

___

___

b) Versendung

___

___

c) Ausfuhr

___

___

6. Begründen Sie, warum manche Güter erst nach Genehmigung und manche Güter überhaupt nicht aus der Europäischen Union in Drittländer gebracht werden dürfen. Geben Sie drei Gründe an.

z. B.

- ___
- ___
- ___

7. Verbinden Sie die Begriffe in den Kästchen auf der linken Seite mit den Kästchen auf der rechten Seite so, dass die richtige Erläuterung zugeordnet ist.

Handelsfaktura	Nachweis der Herkunft der Ware
Ursprungszeugnis	„Beilage" in Paketen
Gesundheitszeugnis	Warenausgangsrechnung des Lieferers
Zollinhaltserklärung	Nachweis für die Seuchenfreiheit

Arbeitsblatt 14: Touren planen

1. Nennen Sie fünf Gründe, warum Handel (national und international) getrieben wird.

- ___
- ___
- ___
- ___
- ___

2. Bestimmen Sie die Kontinente der Erde, die durch folgende Koordinaten (ungefähre Angaben!) begrenzt sind.

Koordinaten Kontinent	Nord	Süd	West	Ost
	81° N	35° N	31° W	67° O
	0°	43° S	113° O	153° O
	38° N	35° S	25° W	58° O
	12° N	56° S	81° W	35° W

3. Ergänzen Sie die folgende Tabelle mit den europäischen Staaten, die an die Bundesrepublik Deutschland grenzen.
   Geben Sie zu jedem Land die Hauptstadt, die ungefähre geografische Lage und die gültige Zeitzone an.

Land	Hauptstadt	Geografische Lage der Hauptstadt (ungefähre Angabe reicht aus)	Zeitzone

4. Ergänzen Sie die auf der nächsten Seite folgende Karte mit
   - den Namen der Bundesländer,
   - den Hauptstädten der Bundesländer und
   - den Länderbezeichnungen der an die Bundesrepublik Deutschland grenzenden Länder (internationales Kfz-Kennzeichen).

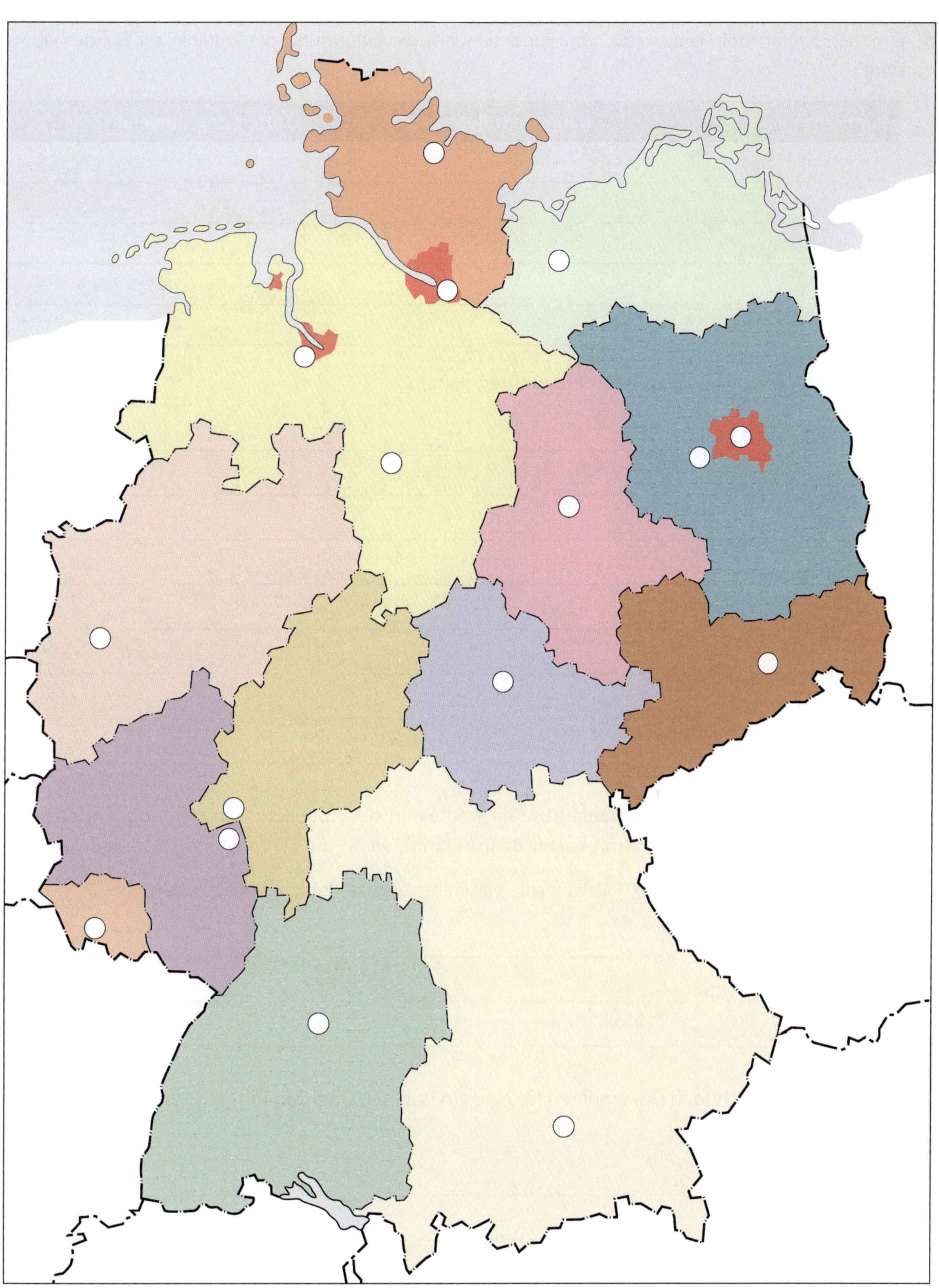

Maßstab 1 : 2 500 000

5. Ermitteln Sie für fünf Hauptstädte von Bundesländern die Entfernung per Luftlinie zur Bundeshauptstadt.

Bundeshauptstadt	Hauptstadt Bundesland	Entfernung (ungefähr)

Erläutern Sie kurz, wie Sie zu Ihren Ergebnissen kamen.

6. In der LogServ KG mit Sitz in Frankfurt/Main sind Sie in der Abteilung Versand tätig. Entscheiden Sie sich für ein Verkehrsmittel (mit kurzer Begründung), wenn die EDV folgende Aufträge vorgibt:

a) Versand von drei Gitterbox-Paletten mit Maschinenersatzteilen nach Wiesbaden

b) Versand von wichtigen Dokumenten für eine am übernächsten Tag in Tokio (Japan) stattfindende Konferenz

c) Versand von 500 t Eisenschrott nach Emden

7. Lösen Sie das folgende Rätsel zu Wirtschaftszentren mithilfe des Lehrbuches.
Tragen Sie Ihre Lösungen in die Kästchen neben den Aufgabenstellungen ein. Die dunkel hinterlegten Felder ergeben von oben nach unten gelesen ein Lösungswort, das mit diesem Lernfeld in enger Verbindung steht.

a) Hafenstadt an der Mündung der Weser in die Nordsee
b) Der Regierungssitz des Freistaates Sachsen ist in
c) sehr bekanntes Industriegebiet in Deutschland
d) Rhein, Main und … begrenzen in Süddeutschland ein Logistikzentrum
e) Flughafen in Berlin
f) Der Flughafen in Frankfurt ist nach diesem Fluss benannt
g) Fluss durch München
h) Bundesland im Westen, das durch Schwerindustrie gekennzeichnet ist
i) In Wolfsburg werden … gefertigt
j) Ort für die Herstellung bzw. Reparatur von Schiffen und Flugzeugen
k) einer der bedeutendsten Eisenbahnknotenpunkte in Europa

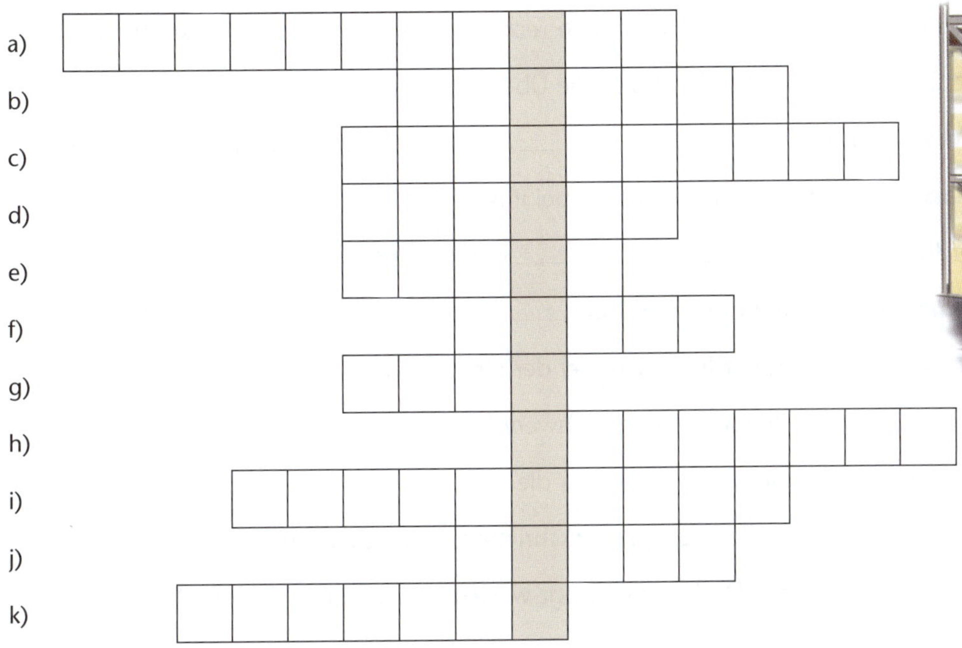

8. Nennen Sie drei Gründe, warum die Entstehung von Wirtschaftszentren nicht immer positiv für eine Region ist. Geben Sie zu jedem Grund ein Beispiel an.

▪ ______________________________

____

▪ ______________________________

____

▪ ______________________________

____

9. Ergänzen Sie den folgenden Lückentext.

Warum sollte man sich Gedanken machen, wie man Güter transportiert?

Zunächst sollte man sich eines bewusst machen: Jeder Transport verursacht Kosten. Und jeder Transporteur versucht, diese möglichst gering zu halten.

Diese Kosten setzen sich zusammen aus:

- ________________________________
- ________________________________

Durch geschickte Auswahl der Anbieter können diese Kosten aber beträchtlich gesenkt werden.
Grundsätzlich beeinflusst die ________________ die Auswahl des Verkehrsmittels.
Ob groß oder klein, ob leicht oder schwer, ob Gefahrgut oder sperriges Gut: Die Eigenschaften können mit entscheidend dafür sein, welcher Transport geeignet ist.
________________ regeln beispielsweise, was beim Transport von Gefahrgütern zu beachten ist.
Weiterhin sollte beachtet werden, dass die Güter auch rechtzeitig beim Empfänger ankommen. Die ________________ des Transports ist also in die Überlegungen miteinzubeziehen.
Außerdem müssen die Transporte ________________ sein. Der Empfänger muss sich darauf verlassen können, dass die Güter auch unbeschädigt bei ihm ankommen.
Immer wichtiger wird die ________________ des Transports.
Es soll möglichst wenig Treibstoff verbraucht und die ________________ (z. B. durch Abgase) gering gehalten werden. Außerdem sollte bei der Neuplanung von ________________ darauf geachtet werden, dass dies möglichst ohne schwerwiegende Eingriffe in die Natur geschieht.
Für die Planung von Transporten hat sich in der Praxis die ________________ nach Plowman bewährt. Darin wird stichwortartig beschrieben, welche sieben ________________ Gesichtspunkte berücksichtigt werden müssen, um Touren planen zu können.
Diese Gesichtspunkte besagen, dass

- ________________________________
- ________________________________
- ________________________________
- ________________________________
- ________________________________
- ________________________________
- ________________________________

beim Empfänger zur Verfügung gestellt werden muss.

10. Ein Transportunternehmen wird beauftragt, Güter von Neubrandenburg nach München zu befördern. Dabei soll der Fahrer unterwegs in Kassel, Würzburg und Stuttgart Teilladungen an die dortigen Empfänger abliefern.

a) Wie viel km Umweg fährt der Lkw gegenüber dem kürzesten Weg? Hilfsmittel: Landkarte auf den folgenden Seiten.

____

b) Mit welchen Staubereichen muss der Fahrer auf der kürzeren Strecke rechnen? Hilfsmittel: Landkarte auf den folgenden Seiten.

____

____

____

11. a) Ermitteln Sie aus der abgebildeten Entfernungstabelle die Entfernungen von

- Berlin nach Paris ____________________
- München nach Lissabon ____________________
- Hamburg nach Warschau ____________________
- Leipzig nach Stockholm ____________________
- Frankfurt nach Rom ____________________
- Madrid nach St. Petersburg ____________________

b) Besorgen Sie sich eine Europakarte und ermitteln Sie die Entfernungen in Luftlinie gemäß dem Maßstab der Landkarte.

- Berlin nach Paris ____________________
- München nach Lissabon ____________________
- Hamburg nach Warschau ____________________
- Leipzig nach Stockholm ____________________
- Frankfurt nach Rom ____________________
- Madrid nach St. Petersburg ____________________

Entfernungstabelle Deutschland & Europa (Angabe in Kilometern)

Entfernungen in Europa	Zürich	Wien	Warszawa	Venèzia	Strasbourg	Stockholm	Sofija	Sevilla	Salzburg	Sankt Peterburg	Roma	Riga	Praha	Paris	Palermo	Oslo	München	Moskva	Minsk	Milano	Marseille	Malaga	Madrid	Luxembourg	London	Lisboa	Leipzig	København	Kyjiv	İstanbul	Helsinki	Hammerfest	Hamburg	Glasgow	Genève	Frankfurt a. Main	Dublin	Calais	Budapest	Bucureşti	Bruxelles	Bratislava	Bordeaux	Berlin	Beograd	Barcelona	Athínai	Ankara	Amsterdam	A Coruña	
A Coruña	2015	2802	3169	2183	2055	3489	3311	946	2535	4327	2474	3716	2610	1575	3399	3311	2375	4416	3718	1930	1450	1157	570	1935	1985	605	2533	2781	3963	3854	2542	5384	2466	2683	1880	2148	2442	1861	2996	3684	1884	2877	989	2617	3073	1116	4130	4457	2077		Aachen
Amsterdam	820	1156	1211	1343	596	1489	2104	2339	973	2361	1669	1750	859	504	2597	1311	828	2458	1760	1072	1225	2337	1782	409	491	2317	654	781	2092	2691	1816	3385	466	1189	1000	445	949	364	1408	2204	206	1231	1085	659	1764	1544	2821	3149		571	Augsburg
Ankara	2634	2023	2279	2152	2696	3743	1007	4367	2194	3245	2033	2806	2302	3145	2133	3908	2317	2900	2424	2410	2900	4356	3958	2845	3395	4679	2535	3088	1566	458	3675	4993	3051	4092	2721	2667	3852	3270	1782	1124	3058	1976	3501	2660	1385	3360	1525		361	542	Basel
Athínai	2290	1679	2123	1807	2351	3398	726	4023	1849	3226	876	2777	1958	2801	1146	3563	1973	2881	2384	2065	2556	4012	3614	2500	3050	4334	2190	2743	2006	1067	3657	4975	2707	3748	2376	2323	3507	2926	1438	1106	2714	1632	3157	2316	1040	3016		873	588	635	Berlin
Barcelona	1064	1832	2337	1232	1109	2783	2360	1026	1517	3494	1372	2932	1719	1090	2302	2605	1376	3581	2883	979	498	1015	617	1137	1498	1337	1692	2075	2988	2902	3167	4537	1760	2196	774	1316	1955	1373	1900	2587	1349	1890	628	1855	1976		393	599	562	255	Bielefeld
Beograd	1250	639	1083	767	1311	2358	385	2983	809	2187	1299	1737	918	1761	1082	2523	933	2161	1390	1025	1516	2972	2574	1460	2010	3294	1151	2026	1286	927	2618	3935	1667	2708	1336	1283	2467	1886	398	612	1674	592	2117	1276		216	596	472	499	96	Bonn
Berlin	851	696	592	1101	756	1071	1659	2862	732	1711	1541	1111	405	1044	2469	1158	587	1839	1140	1040	1537	2851	2322	769	1049	2858	193	414	1381	2201	1260	2965	306	1747	1126	558	1507	925	881	1677	763	689	1625		383	180	242	663	584	423	Braunschweig
Bordeaux	938	1810	2177	1373	1063	2497	2501	1251	1542	3327	1513	2716	1618	583	2461	2319	1383	3424	2726	1120	639	1249	694	943	993	1229	1529	1788	2971	3043	2688	4250	1474	1691	701	1156	1450	869	2062	2728	892	1885		181	336	184	394	773	718	368	Bremen
Bratislava	832	67	704	681	865	1771	975	2897	378	1853	1213	1358	331	1311	2140	1854	516	1948	1250	939	1430	2886	2488	1014	1508	3117	564	1116	1232	1517	2324	3602	1007	2206	1117	794	1966	1384	197	993	1185		491	339	491	415	264	678	392	577	Chemnitz
Bruxelles	623	1110	1315	1145	435	1617	2058	2146	927	2466	1472	1855	888	310	2399	1439	766	2562	1864	875	1030	2143	1589	213	326	2124	711	909	2104	2600	1945	3371	594	1024	713	400	783	201	1362	2158		179	488	335	690	487	134	845	566	729	Cottbus
Bucureşti	1806	1041	1167	1382	1860	3186	383	3712	1421	2132	1915	1694	1320	2285	1592	2843	1490	1787	1311	1637	2127	3583	3185	1988	2482	3906	1552	2105	912	665	2563	3880	1996	3180	1948	1768	2939	2358	800		586	445	233	280	117	112	492	553	566	153	Dortmund
Budapest	1010	244	697	695	1063	1964	782	2907	557	2072	1228	1373	523	1489	2153	2047	693	1857	1159	949	1440	2695	2498	1191	1585	3218	756	1309	1091	1323	2503	3592	1200	2383	1294	970	2143	1561		511	108	76	490	338	557	481	194	743	464	643	Dresden
Calais	802	1309	1477	1325	615	1779	2270	2123	1094	2627	1651	2016	1054	287	2579	1601	935	2724	2025	1054	1055	2120	1565	402	128	2101	878	1071	2266	2812	2107	3533	756	826	742	598	586		577	69	653	511	285	346	69	179	559	538	557	80	Düsseldorf
Dublin	1384	1891	2059	1907	1197	2419	2852	2705	1676	3267	2247	2656	1650	883	3175	2241	1531	3320	2622	1650	1651	2716	2162	998	488	2697	1474	1667	2862	3408	2745	4314	1338	344	1324	1180		290	618	305	615	619	137	308	350	257	521	842	812	373	Emden
Frankfurt a. Main	407	719	1083	935	217	1532	1667	2323	536	2241	1261	1635	527	583	2188	1354	391	2328	1629	664	998	2312	1915	227	722	2388	395	812	1851	2209	1859	3286	498	1420	587		169	143	616	131	617	551	218	301	200	153	521	606	696	224	Enschede
Genève	289	1042	1608	592	402	2110	1720	1781	742	2765	897	2203	989	534	1824	1932	602	2852	2154	321	456	1770	1372	502	866	2093	963	1390	2269	2263	2301	3863	1075	1564		404	466	374	214	308	316	149	339	180	353	278	299	584	418	440	Erfurt
Glasgow	1628	2135	2303	2151	1441	2606	3096	2949	1921	3454	2477	2843	1881	1114	3405	2427	1757	3546	2848	1876	1877	2942	2388	1225	715	2927	1704	1897	3088	3634	2796	4359	1578		340	123	259	38	543	38	619	478	254	312	98	145	525	564	585	121	Essen
Hamburg	872	1103	883	1289	705	1035	2051	2728	920	1997	1710	1392	723	893	2638	857	775	2130	1432	1113	1442	2756	2171	624	885	2707	415	330	1672	2593	1226	2789		509	518	472	399	540	658	488	598	670	272	360	591	410	449	978	897	623	Flensburg
Hammerfest	3660	3638	2900	4031	3493	1897	4252	5504	3662	1757	4498	2340	3383	3669	5426	2019	3517	2438	2546	3901	4218	5533	4947	3400	3661	5483	3123	2557	2970	4535	1574		541	589	363	588	585	622	178	556	79	249	457	305	660	456	104	940	651	699	Frankfurt (Oder)
Helsinki	2234	1930	1582	2327	1930	191	2935	3942	1958	439	2936	1023	1678	2107	3855	760	1813	1120	1228	2339	2656	3970	3385	1837	2094	3920	1418	851	1652	3218		607	649	250	255	348	515	222	458	224	560	392	443	336	163	314	543	334	359	256	Frankfurt a. Main
İstanbul	2176	1565	1821	1697	2238	3285	549	3909	1736	2147	1575	2348	1844	2687	1675	3450	1859	2442	1966	1952	2442	3898	3500	2387	2937	4221	2077	2630	1566		269	865	909	495	515	598	775	467	678	484	780	605	703	596	404	574	802	79	351	475	Freiburg i. Br.
Kyjiv	1985	1298	791	1779	1972	1977	1283	3995	1608	1222	2310	1103	1366	2398	3238	2201	1747	876	573	2037	2528	3984	3586	2063	2390	4203	1491	1781		344	480	736	1014	708	502	805	929	680	548	692	650	476	835	701	622	679	672	366	151	694	Garmisch-Partenk.
København	1187	1084	992	1678	1019	662	2086	3043	1112	1288	2025	1501	832	1207	2952	624	967	2239	1541	1428	1756	3071	2486	938	1195	3021	572		647	776	557	169	682	642	313	704	699	676	105	609	93	175	571	419	655	580	217	841	563	742	Görlitz
Leipzig	688	531	722	938	593	1227	1534	2699	569	1872	1378	1270	244	956	2306	1271	424	1967	1269	877	1374	2698	2290	606	1002	2761		524	859	754	494	383	157	364	363	328	255	395	500	343	441	542	127	206	447	256	291	822	743	479	Hamburg
Lisboa	2382	3042	3410	2550	2295	3729	3678	446	2835	4560	2690	3949	2851	1815	3638	3551	2694	4657	3958	2297	1817	657	696	2175	2225		154	462	715	610	350	349	309	245	219	241	257	279	381	212	379	413	130	72	316	113	285	677	599	355	Hannover
London	926	1433	1601	1449	739	1903	2394	2247	1219	2760	1775	2141	1179	412	2703	1729	1059	2848	2150	1178	1179	2245	1690	527		481	625	647	350	132	140	736	780	366	386	473	643	339	548	355	651	476	574	467	275	445	672	200	228	346	Karlsruhe
Luxembourg	411	939	1294	934	224	1646	1844	2144	669	2480	1260	1880	747	369	2188	1468	509	2539	1841	663	818	2133	1639		322	166	310	449	557	451	191	448	465	197	147	263	385	231	350	164	478	284	285	152	268	135	384	522	440	307	Kassel
Madrid	1661	2430	2835	1830	1706	3194	2958	566	2115	4033	1970	3433	2317	1280	2918	3016	1974	4179	3481	1577	1096	564		403	718	247	96	589	952	847	587	449	91	448	456	410	338	478	586	426	506	607	210	298	530	349	357	916	836	562	Kiel
Malaga	2059	2828	3333	2228	2104	3779	3356	212	2512	4562	2368	3962	2714	1835	3316	3601	2372	4577	3879	1975	1494		615	244	200	388	518	609	548	329	116	659	663	169	307	267	421	141	510	189	612	445	408	388	79	288	595	404	425	165	Koblenz
Marseille	745	1372	2018	772	790	2465	1900	1505	1062	3248	912	2648	1400	769	1860	2287	1015	3263	2565	519		105	508	247	304	295	425	667	644	431	186	638	570	76	365	174	328	39	568	96	669	502	315	362	34	195	575	501	521	70	Köln
Milano	287	881	1521	281	478	2148	1409	1986	571	2671	593	2117	903	850	1521	1970	499	2766	2068		525	433	919	523	231	682	826	776	214	128	363	864	980	589	513	694	869	560	677	578	779	605	797	667	503	645	801	144	186	574	Konstanz
Minsk	1879	1286	551	1906	1784	1419	1683	3890	1565	797	2437	499	1193	2145	3365	1961	1576	698		641	493	436	506	276	513	281	440	212	512	642	383	253	569	469	140	516	517	502	113	436	215	78	390	237	482	389	189	710	428	568	Leipzig
Moskva	2577	1984	1249	2604	2482	1309	2159	4588	2263	689	3136	922	1891	2843	4063	1878	2275		435	883	483	576	81	368	683	212	88	519	917	812	552	378	153	422	421	385	312	453	495	399	436	537	185	263	505	314	286	879	800	537	Lübeck
München	318	441	1030	511	360	1622	1317	2383	142	2180	951	1664	387	810	1878	1632		338	137	702	437	483	373	246	561	147	280	331	620	690	430	217	435	387	170	381	383	421	237	354	247	238	256	104	458	255	154	757	536	497	Magdeburg
Oslo	1729	1960	1411	2146	1561	571	2908	3573	1777	1197	2567	894	1534	1738	3994		502	624	455	289	242	143	659	263	86	422	566	629	408	195	81	678	721	307	326	730	384	278	530	295	632	465	515	408	218	385	615	266	286	289	Mannheim
Palermo	1812	2082	2819	1482	2003	3672	1306	3327	1916	3969	948	3473	2268	2352		347	532	829	424	216	571	486	864	469	289	627	771	559	88	411	392	648	926	635	414	730	838	606	460	604	562	388	747	613	547	591	584	390	68	640	München
Paris	652	1237	1596	1120	490	1916	2145	1837	969	2755	1425	2155	1045		662	353	331	335	479	636	154	247	361	207	413	189	277	653	750	542	282	532	422	93	350	66	194	123	554	71	563	488	167	256	175	93	469	605	623	207	Münster
Praha	714	298	646	835	619	1487	1301	2725	341	1796	1341	1301		497	166	236	385	664	278	376	406	336	699	304	247	462	606	413	255	376	224	501	761	470	267	568	673	441	314	440	416	241	582	448	382	426	437	448	140	475	Nürnberg
Riga	1928	1394	656	2014	1833	325	2065	2913	1673	592	2545		217	710	188	439	575	877	468	402	618	548	912	517	450	675	819	561	276	579	440	691	974	683	457	780	886	654	462	652	564	389	795	661	595	639	627	576	239	688	Passau
Roma	884	1155	1891	555	1075	2745	1033	2379	969	3041		118	101	590	126	322	430	761	322	336	502	432	796	401	334	559	703	442	214	463	323	545	857	566	312	664	769	538	343	536	445	271	678	545	478	522	482	534	149	571	Regensburg
Sankt Peterburg	2562	1889	1152	2510	2467	628	2504	4573	2168		671	816	626	448	773	803	325	119	378	989	596	689	193	556	861	325	180	461	861	990	732	321	281	535	488	498	422	566	438	514	378	479	298	413	617	427	228	992	777	648	Rostock
Salzburg	458	303	1019	457	520	1767	1193	2523		911	453	570	367	382	425	135	610	716	563	367	243	172	741	371	138	530	658	736	486	267	187	786	802	309	434	412	557	279	637	328	739	572	547	515	214	428	722	265	364	305	Saarbrücken
Sevilla	2070	2839	3344	2239	2151	3751	3367		584	935	201	118	314	807	142	506	678	978	569	400	720	655	1014	621	448	776	920	535	180	569	536	799	1076	783	574	874	978	761	602	755	705	538	901	762	695	741	732	531	226	790	Salzburg
Sofija	1634	1023	1457	1152	1695	2742		923	762	100	656	802	612	382	758	670	310	65	364	930	530	623	140	415	729	259	114	447	846	859	599	307	234	469	474	435	356	500	423	447	364	465	231	222	551	360	214	929	762	583	Schwerin
Stockholm	1907	1739	1649	2136	1739		759	382	219	818	291	398	204	472	227	131	591	712	470	177	366	275	747	353	83	511	655	605	289	206	204	683	809	430	342	535	707	402	506	419	606	435	630	496	344	474	630	271	166	416	Stuttgart
Strasbourg	226	811	1238	749		833	368	930	931	249	715	832	641	660	785	828	338	439	391	1004	755	811	509	572	878	470	448	391	874	1003	756	160	600	710	518	705	685	745	365	680	304	430	566	422	781	579	167	1071	787	818	Szczecin/Stettin
Venèzia	538	624	1360		927	285	690	651	95	757	497	614	411	314	491	179	602	644	555	433	171	136	669	340	204	455	586	729	553	335	181	779	731	237	427	337	486	200	630	257	732	364	476	508	142	335	715	325	430	160	Trier
Warszawa	1333	739		361	821	97	793	300	295	807	219	310	193	559	139	217	566	752	459	121	452	356	767	392	159	550	694	594	193	281	290	682	848	516	381	618	760	488	495	505	597	422	669	536	430	513	618	286	79	502	Ulm
Wien	738		302	149	780	216	623	569	159	757	354	470	258	266	422	95	456	578	409	374	161	74	613	218	152	376	520	582	494	281	38	633	675	226	280	330	474	197	484	208	586	420	427	362	138	307	569	347	371	231	Wiesbaden
Zürich		157	196	302	700	151	615	425	302	685	206	322	110	396	275	182	448	569	336	321	305	241	604	210	193	386	511	471	363	322	126	560	666	369	199	458	581	340	372	338	474	300	487	353	281	331	496	385	245	374	Würzburg
	Würzburg	Wiesbaden	Ulm	Trier	Szczecin/Stettin	Stuttgart	Schwerin	Salzburg	Saarbrücken	Rostock	Regensburg	Passau	Nürnberg	Münster	München	Mannheim	Magdeburg	Lübeck	Leipzig	Konstanz	Köln	Koblenz	Kiel	Kassel	Karlsruhe	Hannover	Hamburg	Görlitz	Garmisch-Partenk.	Freiburg i. Br.	Frankfurt a. Main	Frankfurt (Oder)	Flensburg	Essen	Erfurt	Enschede	Emden	Düsseldorf	Dresden	Dortmund	Cottbus	Chemnitz	Bremen	Braunschweig	Bonn	Bielefeld	Berlin	Basel	Augsburg	Aachen	Entfernungen in Deutschland

Die Entfernungstabellen von Deutschland (rot) und Europa (blau) dürfen nicht miteinander verknüpft werden. Die Tabellen sind jeweils nur getrennt zu benutzen.

Die Entfernungsangaben wurden unter bestmöglicher Benutzung der Autobahnen, Bundes- und Nationalstraßen berechnet. Es wird jeweils die schnellste Verbindung zwischen zwei Orten angegeben, nicht unbedingt die kürzeste. Fährverbindungen werden bei den Kilometerangaben nicht berücksichtigt.

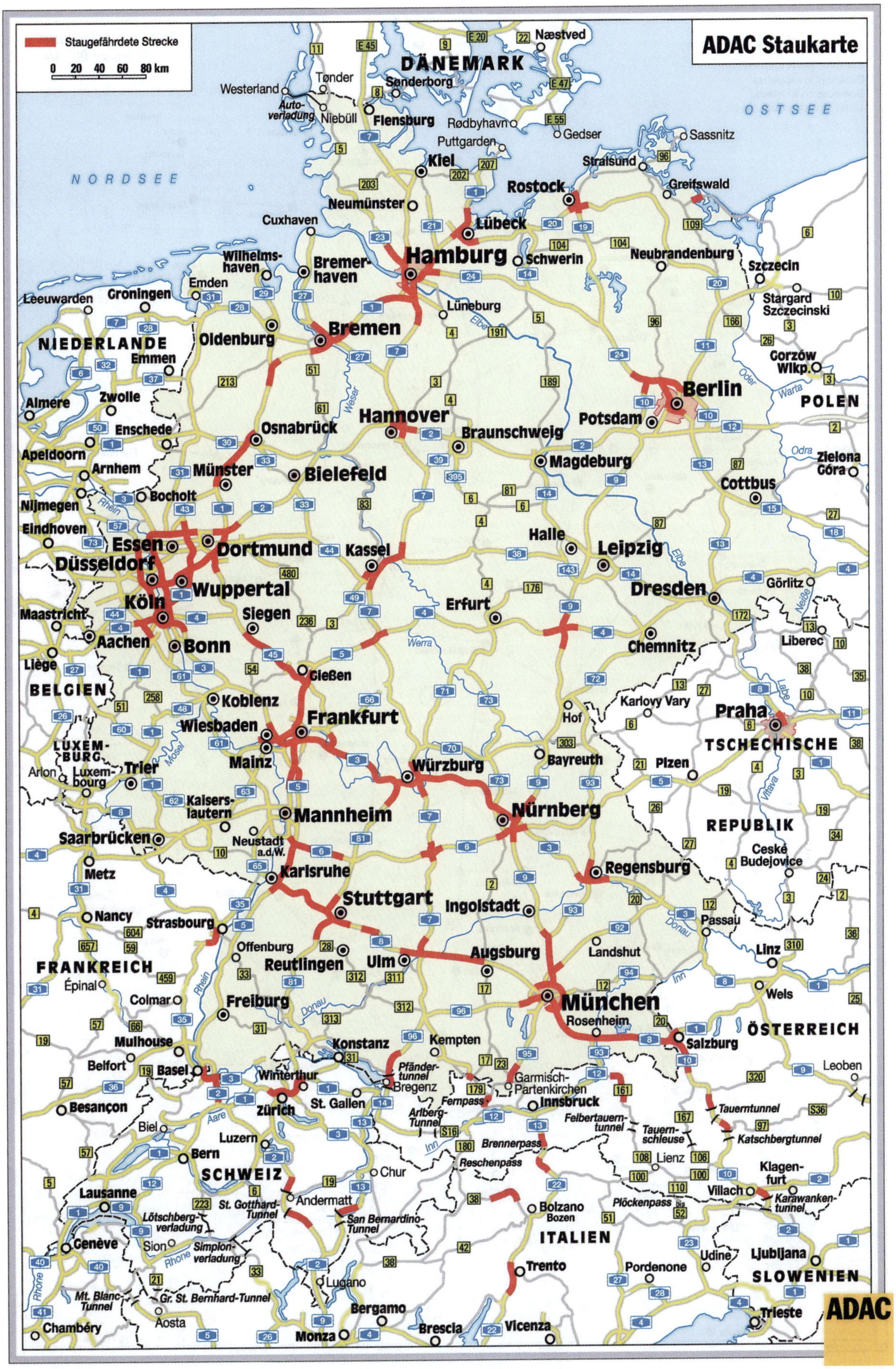
ADAC Staukarte
Staugefährdete Strecke
0 20 40 60 80 km
NORDSEE
OSTSEE
DÄNEMARK
NIEDERLANDE
BELGIEN
LUXEMBURG
FRANKREICH
SCHWEIZ
ÖSTERREICH
ITALIEN
SLOWENIEN
TSCHECHISCHE REPUBLIK
POLEN
Næstved
Tønder
Sønderborg
Westerland
Autoverladung
Niebüll
Flensburg
Rødbyhavn
Puttgarden
Gedser
Sassnitz
Kiel
Stralsund
Rostock
Greifswald
Neumünster
Cuxhaven
Lübeck
Hamburg
Schwerin
Neubrandenburg
Szczecin
Wilhelmshaven
Bremerhaven
Emden
Leeuwarden
Groningen
Lüneburg
Stargard Szczecinski
Oldenburg
Bremen
Emmen
Gorzów Wlkp.
Berlin
Almere
Zwolle
Hannover
Potsdam
Osnabrück
Braunschweig
Enschede
Apeldoorn
Magdeburg
Zielona Góra
Arnhem
Münster
Bielefeld
Cottbus
Bocholt
Nijmegen
Eindhoven
Halle
Essen
Dortmund
Kassel
Leipzig
Düsseldorf
Dresden
Görlitz
Wuppertal
Köln
Erfurt
Maastricht
Siegen
Aachen
Bonn
Chemnitz
Liberec
Liège
Gießen
Koblenz
Karlovy Vary
Wiesbaden
Frankfurt
Hof
Praha
Mainz
Arlon
Luxembourg
Trier
Würzburg
Bayreuth
Plzen
Kaiserslautern
Mannheim
Nürnberg
Saarbrücken
Neustadt a.d.W.
Metz
Karlsruhe
Regensburg
České Budějovice
Stuttgart
Ingolstadt
Nancy
Strasbourg
Passau
Offenburg
Reutlingen
Ulm
Augsburg
Landshut
Linz
Épinal
Colmar
Freiburg
München
Wels
Rosenheim
Mulhouse
Konstanz
Kempten
Salzburg
Belfort
Basel
Winterthur
Pfändertunnel
Bregenz
Garmisch-Partenkirchen
Leoben
Zürich
St. Gallen
Fernpass
Innsbruck
Besançon
Biel
Arlbergtunnel
Felbertauerntunnel
Tauerntunnel
Tauernschleuse
Katschbergtunnel
Luzern
Brennerpass
Bern
Reschenpass
Lienz
Klagenfurt
Chur
Lausanne
St. Gotthard-Tunnel
Andermatt
Bolzano Bozen
Plöckenpass
Villach
Karawankentunnel
Lötschberg-verladung
San Bernardino-Tunnel
Genève
Sion
Simplonverladung
Udine
Ljubljana
Trento
Pordenone
Mt. Blanc-Tunnel
Gr. St. Bernhard-Tunnel
Lugano
Chambéry
Aosta
Bergamo
Brescia
Vicenza
Trieste
Monza
Elbe
Weser
Oder
Warta
Odra
Rhein
Mosel
Werra
Neiße
Labe
Vltava
Donau
Inn
Aare
Rhone
ADAC

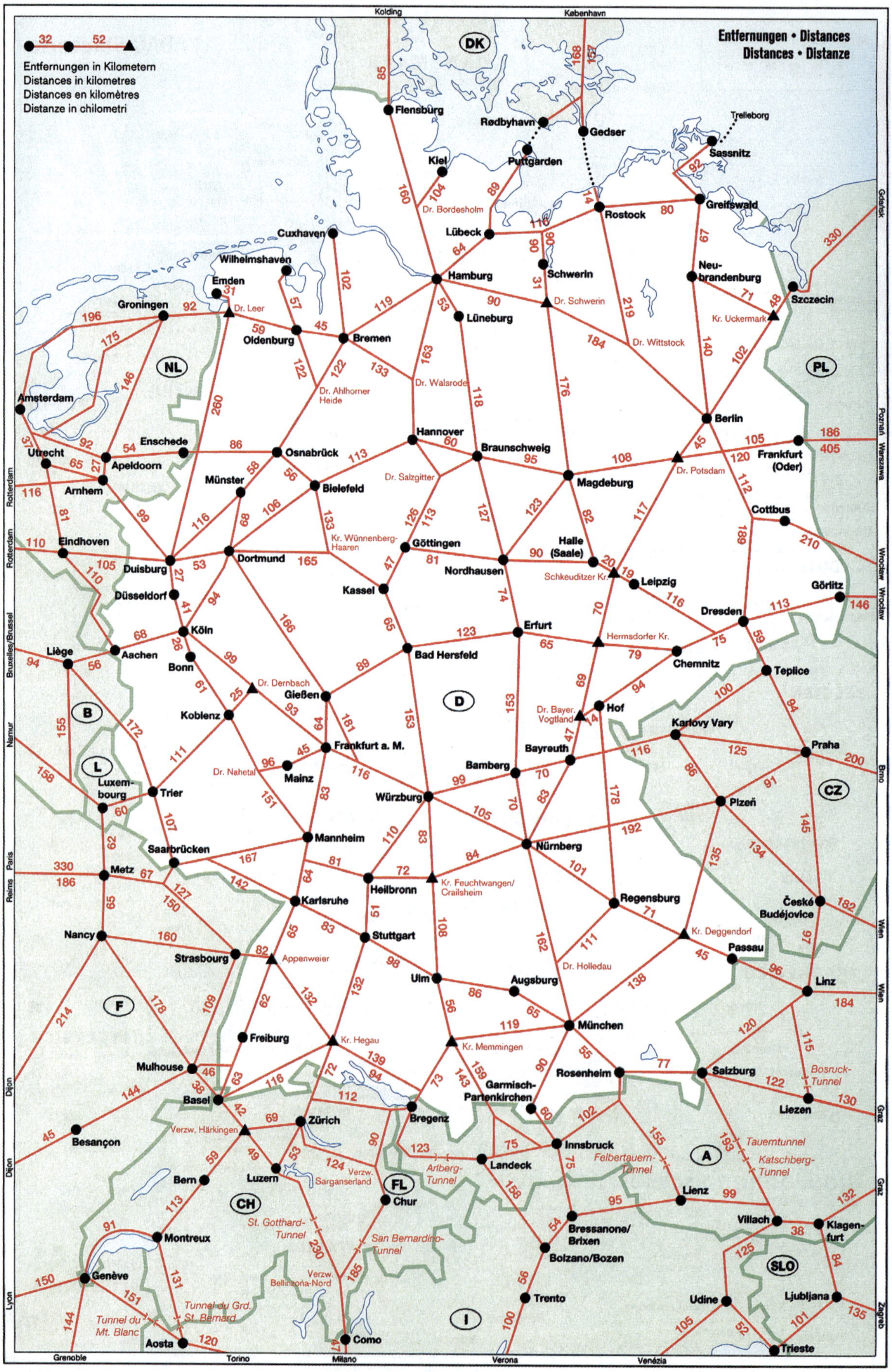

© Falk Verlag, Ostfildern

Großkilometrierung zwischen deutschen Verkehrszentren

Situation

Als Mitarbeiter in der zentralen Teileauslieferung der Automobil AG in Halle an der Saale haben Sie die Aufgabe, die Autohändler der Umgebung mit Teilen zu beliefern.

Ihnen liegt die nachstehende Liste der Händler vor, die am nächsten Tag die bestellten Teile erhalten sollen. Für die Auslieferung stehen Ihnen zwei Lastkraftwagen zur Verfügung, aber nur ein Fahrer.

Es sind zwei Touren geplant:
Tour 1 am Vormittag Tour 2 am Nachmittag
Arbeitsbeginn ist 07:00 Uhr, Mittagspause für den Fahrer von 12:00 bis 13:00 Uhr.
Beide Lkw verfügen über ein maximales Ladegewicht von je 3 500 kg.

Liste mit den Lieferungen für den morgigen Tag:

Adresse des Kunden	Bestellung des Kunden	Anzahl	Gewicht pro Stück	Bemerkungen
Max Müller KG 06749 Bitterfeld	Motorenöl Bremsklötze Fahrradständer	100 32 5	1,0 kg 6,5 kg 15,0 kg	
Autohaus Schulte 04509 Delitzsch	Auspuff Lautsprecher Kotflügel Reifen	5 4 2 16	7,2 kg 3,0 kg 35,0 kg 9,0 kg	
Kluge Autohandel 06333 Hettstedt	Schalter Gewindestäbe Felgen Frontscheibe	20 50 4 3	0,75 kg 1,5 kg 7,25 kg 16,0 kg	ab 13:00 Uhr
Ingo Schmidt GmbH 06420 Könnern	Achse Lautsprecher Tür Bremsscheiben	2 4 2 20	175,0 kg 3,0 kg 75,0 kg 7,4 kg	
Autohaus Landsberg 06188 Landsberg	Motorenöl Kotflügel Felgen	200 6 12	1,0 kg 36,5 kg 5,5 kg	bis 08:00 Uhr
Keller & Nagel 06295 Lutherstadt Eisleben	Motorenöl Schrauben Reifen	100 500 4	1,0 kg 2,0 kg je 100 Stück 10,0 kg	
Schnur & Sohn Autoreparatur 06268 Querfurt	Frontscheibe Autoradio Achse	2 2 2	17,5 kg 6,0 kg 165,0 kg	ab 15:00 Uhr
Autopark Seidl 06217 Merseburg	Lautsprecher Achse Kotflügel	4 2 1	3,0 kg 160,0 kg 40,0 kg	
Mutze & Schreiber 04435 Schkeuditz	Felgen Reifen Motorenöl Tür	6 10 200 2	7,0 kg 9,0 kg 1,0 kg 67,5 kg	bis 12:00 Uhr

12. Planen Sie die Routen für Tour 1 und Tour 2 nach der vorliegenden Landkarte und tragen Sie die anzufahrenden Orte und Kunden in einer sinnvollen Reihe in die abgebildeten Tourenpläne ein. Berücksichtigen Sie dabei die zeitlichen Sonderwünsche der Kunden.

13. Errechnen Sie das Gewicht der Ladung je Lkw und tragen Sie dieses ebenfalls in den Tourenplan ein.

Tour 1	Automobil AG Tourenplan		
laufende Nummer	**Ort**	**Empfänger**	**Gewicht**
1			
2			
3			
4			
5			
6			

Ladegewicht gesamt:

Tour 2	Automobil AG Tourenplan		
laufende Nummer	**Ort**	**Empfänger**	**Gewicht**
1			
2			
3			
4			
5			
6			

Ladegewicht gesamt:

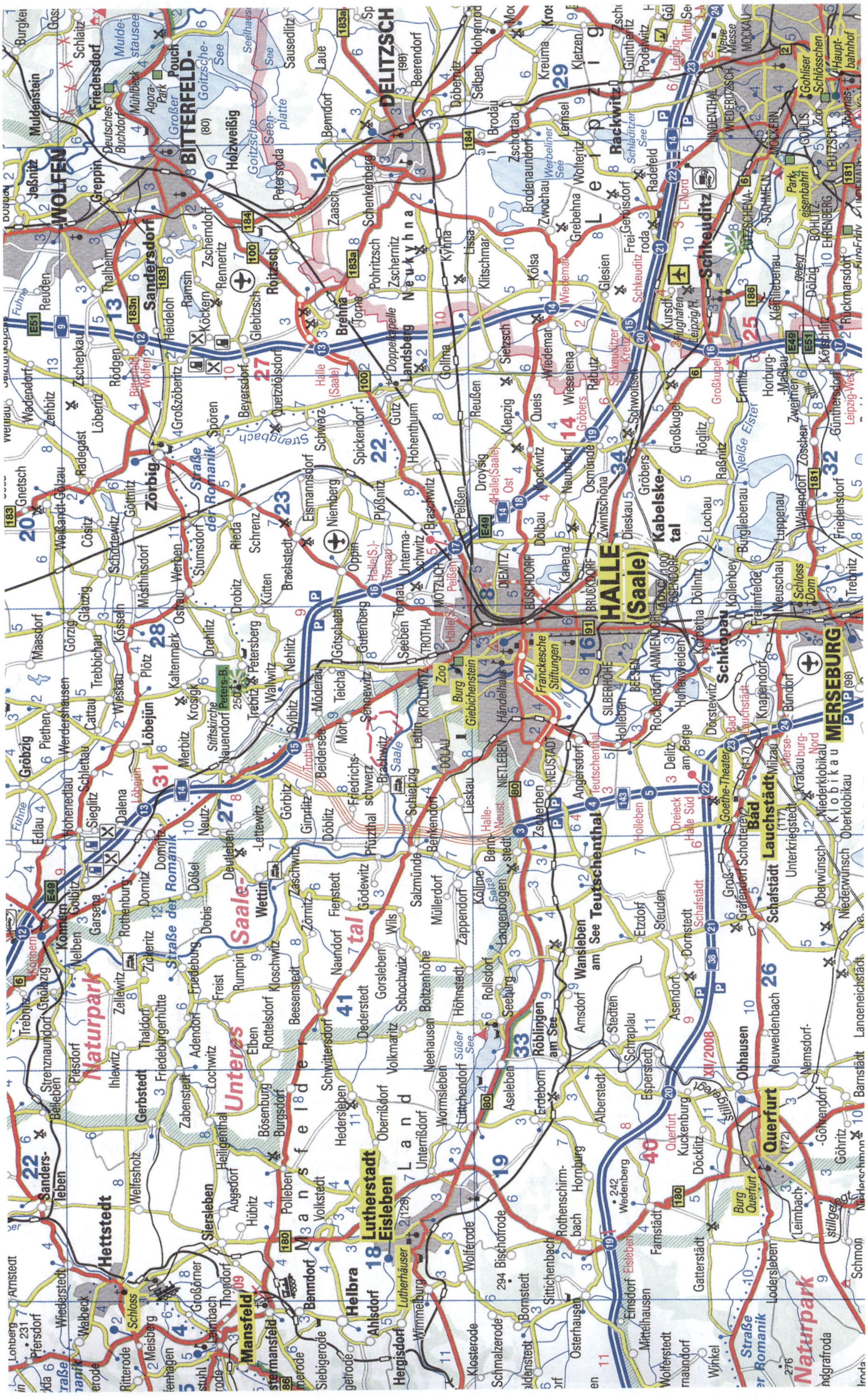
HALLE (Saale)
MERSEBURG
DELITZSCH
BITTERFELD-
WOLFEN
Lutherstadt Eisleben
Hettstedt
Mansfeld
Querfurt
Schkeuditz
Bad Lauchstädt
Schkopau
Sandersdorf
Zörbig
Landsberg
Teutschenthal
Wettin
Löbejün
Kabelsketal
Leipzig
Naturpark
Unteres Saale-tal
Straße der Romanik

Fachrechnen – Wirtschaftsrechnen

Arbeitsblatt 1: Der allgemeine Dreisatz

1. Welche beiden Ausprägungsformen lassen sich bei der Dreisatzrechnung grundsätzlich unterscheiden?

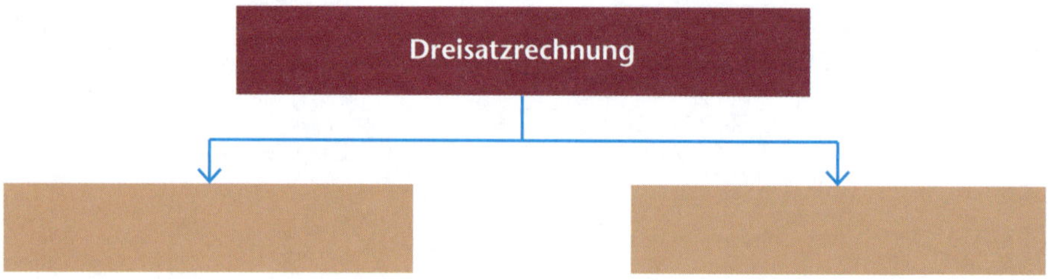

2. Geben Sie die drei Schritte zur Lösung von Dreisätzen an.

Die Dreisatzrechnung besteht aus drei Schritten:

1. Schritt: ______________________________

2. Schritt: ______________________________

3. Schritt: ______________________________

Beachte: Schreiben Sie gleiche Größen stets untereinander und setzen Sie die gesuchte Größe stets nach rechts außen!

3. Um welche Art der Dreisatzrechnung handelt es sich bei folgenden beiden Aufgabenstellungen?

Situation 1	Situation 2
20 m² Eichenparkett kosten 440,00 EUR. Wie viel Euro kosten 65 m²?	Für eine Arbeitsaufgabe benötigen sechs Arbeiter acht Stunden. Wie viele Stunden benötigen drei Arbeiter für dieselbe Tätigkeit?

= ______________________ = ______________________

4. Lösen Sie die beiden Aufgaben mithilfe des Dreisatzes.

1.	Satz mit gegebenen Größen	1.
2.	Fragesatz	2.
3.	Schlusssatz	3.

5. Füllen Sie nachfolgenden Lückentext zur möglichen Vorgehensweise bei der Lösung von Dreisätzen aus.

1. Diejenige Zahl, die über dem „x" steht, kommt immer ____________ den Bruch.
2. Überlegung, ob das Ergebnis ____________ oder ____________ als die Zahl über dem „x" werden soll.
3. Soll das Ergebnis größer sein, so kommt die größere der beiden vorderen Zahlen ____________ den Bruch. Soll das Ergebnis kleiner werden, so kommt die größere Zahl ____________ den Bruch.

6. a) Wie viel Liter Dieseltreibstoff benötigt ein Lkw für die Fahrt von Leipzig nach Hamburg über 320 km, wenn er im Durchschnitt 29,5 Liter Treibstoff auf 100 km verbraucht?

b) Eine Pumpe fördert 4 m^3 Wasser in 30 Sekunden.
Wie viel m^3 werden in 3½ Stunden gehoben? (Hinweis: Wandeln Sie die Stunden in Sekunden um.)

c) Der Vorrat an Dieseltreibstoff reicht für 60 Tage, wenn täglich 120 Liter verbraucht werden. Die gute Konjunkturentwicklung führt dazu, dass täglich durchschnittlich 150 Liter verbraucht werden.
Ermitteln Sie, in wie vielen Tagen der Vorrat nun aufgebraucht ist.

d) Für 180 km benötigt ein Lkw 3 Stunden.
Wie lange braucht er, wenn er infolge einer Absperrung 30 km zusätzlich fahren muss und die bisherige Geschwindigkeit beibehält?

e) Die letztjährige Inventur im Warenlager wurde von sechs Arbeitskräften in vier Tagen durchgeführt. In diesem Jahr beabsichtigt die Geschäftsleitung, die Inventur in drei Tagen zu beenden. Ermitteln Sie, wie viele zusätzliche Arbeitskräfte in diesem Jahr benötigt werden.

Arbeitsblatt 2: Der zusammengesetzte Dreisatz

1. Wann spricht man von einem zusammengesetzten Dreisatz?

2. Welches Hilfsmittel eignet sich zur Lösung zusammengesetzter Dreisätze und wie wird es angewandt?

3. Lösen Sie nachfolgende Aufgabe mithilfe des zusammengesetzten Dreisatzes.

Wenn zehn Arbeitskräfte täglich acht Stunden arbeiten, wird ein Auftrag normalerweise in 12,5 Tagen erledigt. Aus Termingründen beabsichtigt die Geschäftsleitung, den Auftrag jedoch in fünf Tagen fertigzustellen.
Wie viele Arbeitskräfte müssen zusätzlich eingestellt werden, wenn die tägliche Arbeitszeit vorübergehend auf zehn Stunden pro Tag verlängert wird?

Satz mit gegebenen Größen:	8 Std.	12,5 Tage	10 Arbeitskräfte
Fragesatz:	10 Std.	5 Tage	x
Schlusssatz:			
Antwortsatz:			

4. a) Für die Ernte von 300 Hektar benötigen acht Arbeitskräfte fünf Tage, wenn jeder von ihnen täglich sieben Stunden arbeitet.
Wie viele Stunden pro Tag benötigen zehn Arbeitskräfte für 420 Hektar, wenn hierfür lediglich vier Tage zur Verfügung stehen?

b) Zum Entladen von drei Rheinschiffen mit jeweils 1 200 t Kohle benötigen sechs Arbeiter acht Stunden.
Wie viele Überstunden sind zu leisten, wenn vier Schiffe à 1 500 t Kohle zu entladen sind und der Lagerleiter zwei zusätzliche Arbeitskräfte zur Entladung eingeteilt hat?

Arbeitsblatt 3: Die Prozentrechnung

1. Füllen Sie die Lücken aus.

Die Prozentrechnung ist eine Vergleichsrechnung, die zunächst nicht direkt vergleichbare Sachverhalte zur Bezugsgröße ________ in Beziehung setzt und sie somit vergleichbar macht. Das Zeichen für die Prozentrechnung ist ________.

2. Die Prozentrechnung unterscheidet grundsätzlich folgende drei Größen. Ergänzen Sie folgendes Schaubild.

Prozentrechnung

	Prozentwert	
= der Wert, der zur Zahl 100 in Beziehung gesetzt wird		

3. Wählt man als Vergleichsmaßstab 1000, so spricht man von der ______________________.

4. Wir erhalten eine Rechnung über 36 500,00 EUR, die wir unter Abzug von 3 % Skonto bezahlen können. Wie hoch ist der Skontoabzug?

a) Ordnen Sie der Aufgabe die richtigen Größen der Prozentrechnung zu.

Beispielgrößen	Größen der Prozentrechnung
Rechnungsbetrag von 36 500,00 EUR	
Skontogewährung 3 %	
Höhe des Skontos in Euro	

b) Zur Lösung der unterschiedlichen Aufgabenstellungen bei der Prozentrechnung kommen zwei Alternativen in Betracht.

Lösung mit dem/der

Dreisatz	**Kfm. Lösung**
1. Satz mit gegebenen Größen 2. Fragesatz 3. Schlusssatz	

Hinweis: Bei der Prozentrechnung lassen sich alle drei gesuchten Größen mithilfe von Dreisätzen lösen, sodass keine Formeln zu erlernen sind.

5. Übungsaufgaben

a) Eine Fachkraft für Lagerwirtschaft verdiente bisher 2 250,00 EUR im Monat. Nach erfolgreichen Tarifverhandlungen erhält sie nun 3,5 % mehr.
Ermitteln Sie, wie viel Euro die Fachkraft nun mehr erhält.

b) In diesem Jahr erhöhte sich die Wohnungsmiete von Waldemar Schulz um 2,5 %. Dies waren genau 20,00 EUR mehr.
Wie viel Euro betrug die Miete vor der Erhöhung?

c) Der Preis einer Digitalkamera wurde um 148,50 EUR gesenkt.
Welchem Prozentsatz entspricht die Senkung, wenn die Kamera bisher für 495,00 EUR verkauft wurde?

d) Der Umsatz der Spedition Werner Schmidt e. K. betrug im abgelaufenen Jahr 5 800 000,00 EUR.
In diesem Jahr wird eine Umsatzsteigerung von 12 % angestrebt.
Ermitteln Sie, mit welchem Umsatz in diesem Jahr gerechnet wird.

e) Welchem Prozentsatz entspricht die Beitragssenkung bei der Rentenversicherung von 19,6 % auf 18,9 %?

Arbeitsblatt 4: Die Prozentrechnung im und auf Hundert

1. Neben der bereits besprochenen Prozentrechnung von Hundert, d. h. der angegebene Wert = 100 %, gibt es noch zwei weitere Arten. Füllen Sie die Lücken aus.

Prozentrechnung **im** Hundert = Prozentrechnung vom ______________ Grundwert

Prozentrechnung **auf** Hundert = Prozentrechnung vom ______________ Grundwert

2. Ergänzen Sie die leeren Felder in der Tabelle.

betrachteter Wert	=	Grundwert	⇒	von Hundert
				im Hundert
	>			

3. Nach einer Gehaltserhöhung von 3,2 % erhält die Fachlageristin Aleksandra Burschenko 2 218,80 EUR pro Monat.
Wie viel Euro verdiente Sie vor der Erhöhung?

a) Ergänzen Sie die fehlenden Größen anhand nachfolgender Grafik.

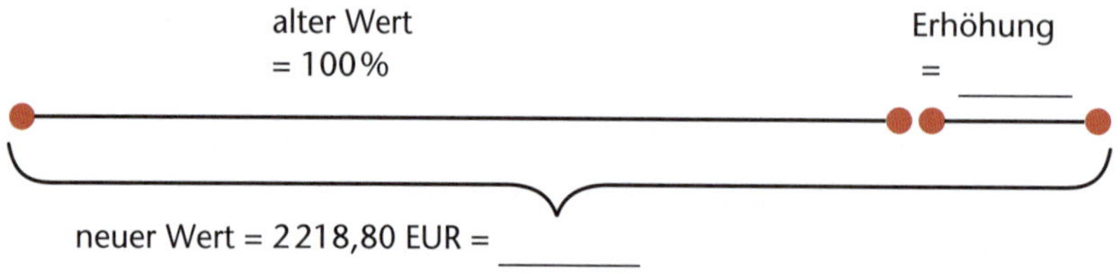

b) Stellen Sie den erforderlichen Dreisatz auf und ermitteln Sie den Verdienst vor der Gehaltserhöhung.

4. Nach einer Preissenkung von 8,5 % kostet ein Festplattenrecorder noch 366,00 EUR. Wie viel Euro kostete er vor der Preissenkung?

a) Ergänzen Sie die fehlenden Größen anhand nachfolgender Grafik.

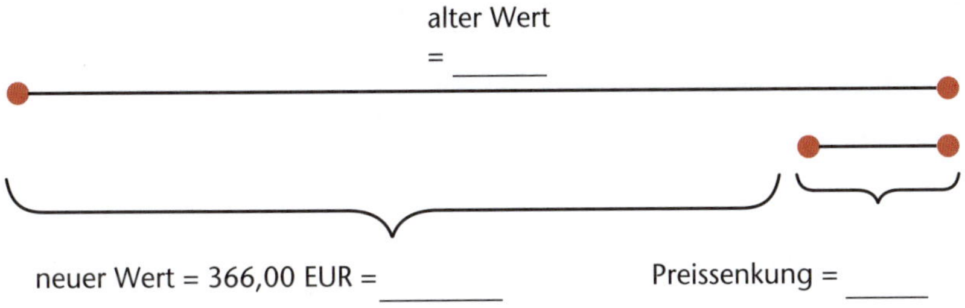

b) Stellen Sie den erforderlichen Dreisatz auf und ermitteln Sie den Verdienst vor der Gehaltserhöhung.

5. a) Der Rechnungsbetrag für einen neuen Elektrostapler beträgt 45 220,00 EUR. Ermitteln Sie den Nettobetrag sowie die im Bruttobetrag enthaltene Umsatzsteuer.

b) Nach Abzug von 2 % Skonto beträgt der Preis für einen Laptop 490,00 EUR. Zu welchem Preis war der Laptop ausgezeichnet?

c) Laut einer Pressemitteilung legte der Güterumschlag in den Mannheimer Häfen in den ersten neun Monaten des Jahres 2012 um 18 % auf 5,8 Millionen Tonnen zu. Ermitteln Sie, wie viele Millionen Tonnen im Vorjahreszeitraum umgeschlagen wurden.

Arbeitsblatt 5: Die Bezugskalkulation

Die Bezugskalkulation ist ein gutes praxisbezogenes Beispiel für die Anwendung der Prozentrechnung. Mit ihrer Hilfe versucht man, den Einstandspreis bzw. Bezugspreis der angebotenen Waren zu ermitteln. Zur Errechnung bedient man sich des Bezugskalkulationsschemas.

1. Vervollständigen Sie das folgende Bezugskalkulationsschema.

Einkaufspreis
Ziel-Einkaufspreis
+ Bezugskosten

2. Sie sind als Auszubildender zum Fachlageristen im zweiten Ausbildungsjahr beim Elektrofachgeschäft Neptun in Karlsruhe zurzeit im Einkauf beschäftigt.
Zur Neueröffnung einer Filiale in einem nahe gelegenen Einkaufszentrum plant die Einkaufszentrale, die Kompaktkamera XP 500 in ihr Sortiment aufzunehmen.
Auf Ihre Anfrage hin erhalten Sie folgende drei Angebote.

Angebotsinhalte	A 1	A 2	A 3
Einkaufspreis	280,00 EUR/Stück	3 660,00 EUR je Dutzend	300,00 EUR/Stück
Rabatt	5 %	8 %	10 %
Skonto	–	3 %	2 %
Bezugskosten	2,50 EUR je Stück	24,00 EUR je Karton	frei Haus
Mindestabnahme	5 Stück	keine Angaben	10 Stück, sonst Mindermengenzuschlag von 1,50 EUR/Stück

a) Füllen Sie nachfolgende Vorlage aus und entscheiden Sie, für welchen Lieferanten sich das Elektrofachgeschäft Neptun entscheiden sollte (üblicherweise bestellt die Firma Neptun jeweils 24 Kameras und nutzt immer die Skontogewährung aus).

Zu beschaffende Menge: ______			
Schema	**A 1**	**A 2**	**A 3**
Einkaufspreis insgesamt			
= Bar-EK			
= Einstandspreis je Stück			
Entscheidung für Angebot Nr.:			

b) Geben Sie drei weitere Kriterien an, von denen Ihre Entscheidung abhängen könnte.

____

____

____

3. a) Der Motorradzubehöreinzelhändler Peter Zöphel in Mannheim ergänzt sein Sortiment um einen neuen Vollvisierhelm. Die Auszubildende Leila Mahoud erhält den Auftrag, mögliche Lieferanten für Vollvisierhelme zu ermitteln.
Nach eingehender Recherche im Internet kommen zwei Lieferanten in die engere Wahl. Diese unterbreiten ihr folgende Angebote für zwei qualitativ gleichwertige Helme.

<u>Angebot 1</u>		<u>Angebot 2</u>	
Helm Sport:	48,00 EUR/Stück	Helm Glitzer	41,50 EUR/Stück
Rabatt:	12%	Rabatt:	5%
Verpackungskosten:	1,00 EUR/Stück	Bezugskosten:	5,00 EUR/Stück
Transportkostenpauschale:	30,00 EUR/gesamt		
Zahlungsbedingung: 10 Tage 3% Skonto; 30 Tage rein netto		Zahlungsbedingung: 8 Tage 2,5% Skonto; 45 Tage rein netto	

Weisen Sie mithilfe eines Angebotsvergleiches rechnerisch nach, für welches Angebot sich Frau Mahoud entscheiden sollte, wenn wie üblich 20 Helme bestellt werden sollen.

	A 1	A 2
Einkaufspreis		
Ziel-Einkaufspreis		
Bezugskosten		

b) Sie sind während Ihrer Ausbildung auch im Einkauf des Radsportzentrums Müller beschäftigt. Heute werden Sie aufgefordert, den Einstandspreis für ein neu ins Sortiment aufzunehmendes Elektrobike zu errechnen.

Aus dem Angebot gehen folgende Daten hervor:
- Listenpreis 1 455,00 EUR
- Einführungsrabatt 20%
- Bezugskosten 15,00 EUR pro Stück
- Zahlungsbedingung: Bei Zahlung innerhalb von 10 Tagen 3% Skonto, innerhalb 30 Tage rein netto!

Arbeitsblatt 6: Flächen-, Körper- und Umfangberechnung

1. Sie sollen in Ihrem Betrieb eine Holzkiste mit nebenstehenden Maßen für den Überseetransport in Ölpapier verpacken.

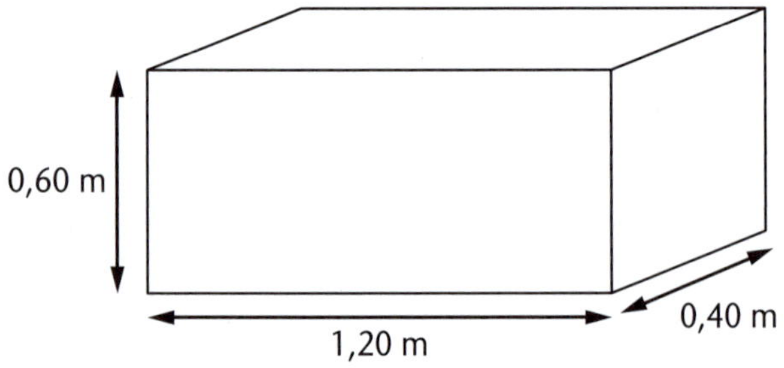

a) Welche der angeführten Formeln eignet sich zur Ermittlung des benötigten Ölpapiers?

$F = a \times b$ ☐
$O = 2ab + 2ac + 2bc$ ☐
$V = a \times b \times c$ ☐

b) Ermitteln Sie, wie viel m² Ölpapier benötigt wird.

2. Ein dreigeschossiges Lagerhaus hat folgende Grundfläche:

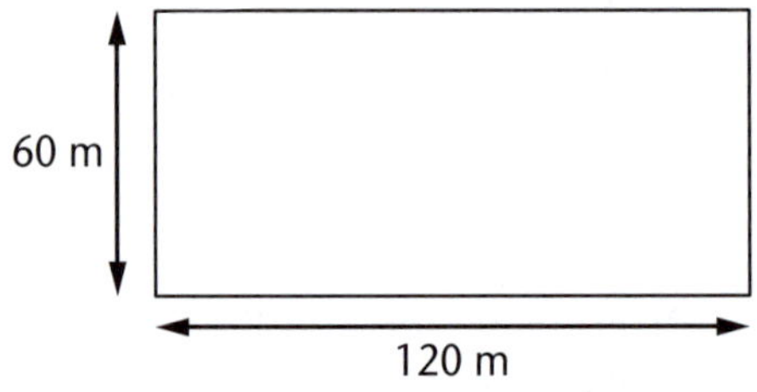

a) Ermitteln Sie die zur Verfügung stehende Bruttolagerfläche.

b) Für innerbetriebliche Verkehrsflächen sind 35 % frei zu halten. Wie viel m² beträgt die Nettolagerfläche?

c) Wie viele Europaletten können in dem Lager höchstens gelagert werden, wenn die Paletten in zwei Lagen stapelbar sind?

3. Im Herbst 2012 weihte der Logistikdienstleister Pfennig seine neue, 130000 m² große Lagerhalle ein. Hierin sollen u. a. maximal 50000 Europalettenstellplätze geschaffen werden.

a) Ermitteln Sie den Flächennutzungsgrad, wenn sämtliche Palettenstellplätze mit nicht stapelbaren Europaletten belegt sind.

b) Wie viele m² stehen nach der Einlagerung der Europaletten noch für die Lagerung neuer Waren zur Verfügung, wenn 30 % an Verkehrsflächen zu berücksichtigen sind?

Arbeitsblatt 7: Die Verteilungsrechnung

1. Füllen Sie die Lücke aus.

Bei der Verteilungsrechnung wird eine Gesamtmenge nach einem vorgegebenen

______________________ in verschiedene Teile zerlegt.

2. Füllen Sie die Lücken aus.

Im kaufmännischen Rechnen unterscheidet man zwischen der ______________________

__________ und der ______________________.

3. Für eine aus drei Teilen bestehende Warensendung mit einem Gewicht von 36 kg, 96 kg und 24 kg müssen insgesamt 130,00 EUR an Frachtkosten bezahlt werden.
Zur Lösung dieser Aufgabe bedient man sich häufig eines Schemas, das folgendermaßen aufgebaut ist:

Positionen	Verteilungsschlüssel	Teile (falls erforderlich)	Anteil

Entwerfen Sie ein für die Lösung geeignetes Schema und ermitteln Sie die auf die einzelnen Waren entfallenden Bezugskosten.

4. Zum 25-jährigen Betriebsjubiläum sollen die Lagermitarbeiter der Spedition Huber in Bremen eine Prämie im Gesamtwert von 6 000,00 EUR erhalten. Die Geschäftsleitung beabsichtigt, diese auf Grundlage der Betriebszugehörigkeit an die einzelnen Mitarbeiter zu verteilen.
Wie viel Euro erhält jeder Mitarbeiter, wenn Mitarbeiter A 22 Jahre, Mitarbeiter B 14 Jahre, Mitarbeiter C 9,5 Jahre und Mitarbeiter D 4,5 Jahre bei der Spedition beschäftigt sind?

5. An der Elektrogroßhandlung Emil Neumann KG in Berlin sind neben Herrn Neumann als Vollhafter mit 650 000,00 EUR noch seine beiden Enkel Marcel und Dominik mit je 175 000,00 EUR beteiligt. Der sich am Jahresende ergebende Gewinn in Höhe von 268 000,00 EUR soll laut Gesellschaftsvertrag so verteilt werden, dass Herr Neumann zunächst 60 000,00 EUR für die Geschäftsführung erhält. Danach erhalten alle Gesellschafter eine Verzinsung in Höhe von 4% der Einlage. Ein darüber hinausgehender Restgewinn soll im Verhältnis 8 : 3 : 3 verteilt werden.

Ermitteln Sie den Gewinnanteil eines jeden Gesellschafters mithilfe nachfolgender Tabelle.

	A	B	C	D	E	F	G	H	I
1									
2		**Gewinnverteilung bei der Elektrogroßhandlung Emil Neumann KG**							
3									
4		**Gesellschafter**	**Anteil**	**vorweg**	**4%**	**Teile**	**Restgewinn**	**Gesamtgewinn**	
5									
6		Emil Neumann							
7		Marcel							
8		Dominik							
9		insgesamt							
10									
11									

6. Die Karl Wolf KG besteht aus den Komplementären Karl und Anna Wolf, die jeweils mit 250 000,00 EUR beteiligt sind, sowie dem Kommanditist Antonio Ausanio, der eine Einlage von 120 000,00 EUR geleistet hat.
Verteilen Sie den Jahresgewinn in Höhe von 206 000,00 EUR, wenn jeder Komplementär zunächst 50 000,00 EUR für die Geschäftsführung erhält, eine Kapitalverzinsung von 5% vereinbart wurde und der Rest im Verhältnis 2 : 2 : 1 auf die Gesellschafter zu verteilen ist.

	A	B	C	D	E	F	G	H
1								
2		**Gewinnverteilung bei der Karl Wolf KG**						
3								
4		**Gesellschafter**	**Anteil**	**vorweg**	**5%**	**Teile**	**Restgewinn**	**Gesamtgewinn**
5								
6								
7								
8								
9								
10								
11								

Arbeitsblatt 8: Die Durchschnittsrechnung

1. Ergänzen Sie das nachfolgende Schaubild.

Mithilfe der Durchschnittsrechnung wird aus mehreren Beträgen ein Mittelwert berechnet. Je nachdem, ob bei den vorliegenden Aufgaben Mengengleichheit gegeben oder nicht gegeben ist, unterscheidet man zwischen:

d. h., Mengengleichheit ist gegeben	d. h., Mengengleichheit ist nicht gegeben
↓	↓

Formeln:

$= \frac{\text{Gesamtsumme}}{\text{Anzahl der Posten}}$	$= \frac{\text{Gesamtpreis (Einzelpreis x Menge)}}{\text{Gesamtmenge}}$

Situation

Sie sind als Fachlagerist beim Reifengroßhändler Mott GmbH in Wertheim beschäftigt. Heute Vormittag fanden Sie folgende Notiz auf Ihrem Arbeitsplatz:

> Hallo,
>
> bitte ermitteln Sie den durchschnittlichen Umsatz für unsere Sommerreifen „Trocken" und „Allwetter" für das vergangene Halbjahr laut unserer Umsatzstatistik und sprechen Sie für das nächste Jahr eine Empfehlung aus, in welchen beiden Monaten keine Mitarbeiter für Schulungen abgestellt werden sollten.

2. Leisten Sie den Anweisungen in der Notiz Folge.

Umsatz der Sommerreifen ‚Trocken' und ‚Allwetter' in Euro		
Monat	**‚Trocken'**	**‚Allwetter'**
Januar	3 700	3 300
Februar	5 700	4 200
März	7 900	8 600
April	9 800	5 800
Mai	6 500	5 300
Juni	5 400	4 600
insgesamt		

Mitteilung: ____

____

____

3. Sie sind bei der Bekleidungsfabrik Moss in Ludwigsburg aufgrund Ihrer guten Schulkenntnisse zurzeit als Krankheitsvertretung im Personalbereich eingesetzt. Die Mitarbeiterzahl der Bekleidungsfabrik entwickelte sich in den vergangenen fünf Jahren wie folgt:

a) Ermitteln Sie, wie viele Männer und Frauen im Durchschnitt in den letzten fünf Jahren bei der Bekleidungsfabrik Moss beschäftigt waren.

Jahr	Männer	Frauen	insgesamt
2009	329		753
2010	305		713
2011	312		722
2012	286		721
2013	268		691

b) Wie hoch ist der durchschnittliche prozentuale Anteil der Frauen an der durchschnittlichen Beschäftigtenzahl?

4. Das Warenwirtschaftssystem des Autozulieferers Kleinhans KG zeigt folgende Monatsendbestände für Luftfilter.

Kleinhans KG					Warengruppe LUFTFILTER				Jahres-AB: 500,00 EUR			
Monat	Jan.	Feb.	Mär.	Apr.	Mai	Juni	Juli	Aug.	Sep.	Okt.	Nov.	Dez.
EB in Euro	420	380	395	455	420	486	398	344	280	390	375	357

Ermitteln Sie den durchschnittlichen Lagerbestand für das gesamte Jahr sowie für das erste und zweite Halbjahr (Hinweis: AB für das zweite Halbjahr = EB vom Juni).

5. Sie sind als Fachlagerist beim Möbelgeschäft FRAU MOBILIA beschäftigt.
Ihr Vorgesetzter Herr Da Rocha erteilt Ihnen den Auftrag, den durchschnittlichen Lagerwert der folgenden Produkte zu errechnen.

Artikel nummer	Stückzahl	Preis je Stück	Gesamtpreis
0007	710	4,10 EUR	
0287	315	28,75 EUR	
0342	140	82,00 EUR	
0765	970	5,80 EUR	
insgesamt			

6. Sie arbeiten bei der Kaffeerösterei Starlight und mischen die neue Kaffeesorte Delicious. Diese setzt sich aus unten angegebenen Sorten zusammen.
Wie viel Euro kosten 500 g der neu gemischten Kaffeesorte.

Sorten	Menge in kg	Preis je kg	Gesamtpreis
Jamaica Highland	19	12,78 EUR	
Kenia Arabica	25	14,60 EUR	
Marokko extra	6	11,20 EUR	
insgesamt			

Arbeitsblatt 9: Frachtrechnen – Güterkraftverkehr

1. Ergänzen Sie das unten stehende Schaubild.

Beim Frachtrechnen unterscheidet man zwischen folgenden Versandarten:

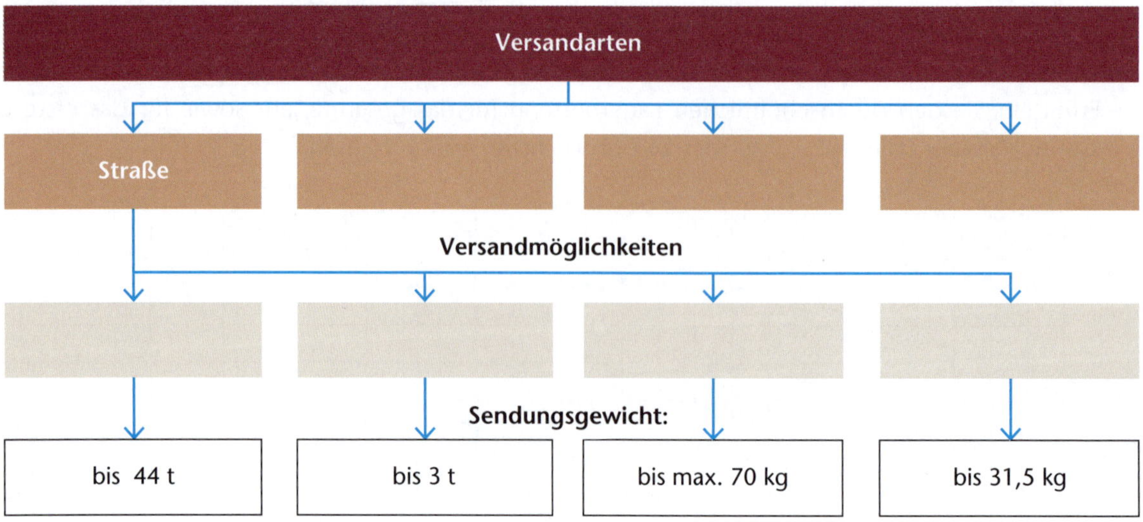

Situation

Sie sind als Auszubildender im zweiten Ausbildungsjahr in der Frachtabrechnung bei der internationalen Spedition Trans-Global in Mannheim beschäftigt. Nach der Mittagspause finden Sie folgende Notiz auf Ihrem Schreibtisch:

> Hallo,
>
> berechnen Sie bitte umgehend für die beigefügten Aufträge die jeweils zu berechnende Bruttofracht. Die benötigten Unterlagen liegen jedem der Aufträge bei.
>
> Grüße

2. Für den Transport von Maschinenteilen von 68219 Mannheim nach 75018 Karlsruhe wird ein 24-t-Lkw eingesetzt. Die Einsatzzeit beträgt 6¾ Stunden.
Abgerechnet wird nach beiliegender Kostentabelle; die Maut ist zu berechnen und in Rechnung zu stellen (aktueller Mautsatz pro km = 0,163 EUR).

Auszüge aus der Maut-Tabelle

Ausgangsort PLZ 682...		
PLZ Empfangsort	Gefahrene km	Mautpflichtige km
701..	128	107
750..	71	31
840..	360	328
900..	237	222
922..	274	256

Auszug aus unserer Kostentabelle

Kostentabelle I				Kostentabelle II
Nutzlast in t bis	Tagessatz	1/8 Tagessatz	km-Satz	Std.satz
23	368,03	46,01	0,61	52,09
24	371,12	46,39	0,62	52,58
25	374,30	46,78	0,63	53,06

a) Geben Sie an, welche Kostentabelle angewandt werden sollte.

____

____

b) Tragen Sie die richtigen Begriffe in die Lücken ein.

Bei der Kostentabelle I errechnet sich die Nettofracht aus den Teilen ____________________ + ____________________.

Beachten Sie: Da der Transport zwischen 6 – 8 Std. liegt, wird ein voller Tagessatz berechnet.

c) Ermitteln Sie die angefallene Maut.

d) Über welchen Betrag lautet die Bruttofracht?

3. Für einen Transport von Mannheim nach Darmstadt über 45 km, der ausschließlich auf nicht mautpflichtigen Straßen erfolgt, ist ein 23-t-Lkw aufgrund langer Standzeiten 7½ Std. unterwegs.

a) Geben Sie an, welche Kostentabelle angewandt werden sollte.

b) Über welchen Betrag lautet die Bruttofracht?

4. Mit einem Sattelkraftfahrzeug werden 32 700 kg Fertigbetonteile von Mannheim nach Hamburg über 570 km befördert. 85 % der Fahrtstrecke werden auf mautpflichtigen Straßen zurückgelegt. Die Abrechnung erfolgt nach KIS, wobei von neun Einsatz- und Fahrerstunden und einem Gewinnzuschlag von 10 % auszugehen ist.

Exemplarische Auszüge der Kalkulationssätze für Sattelkraftfahrzeuge nach KIS

Kalkulationssätze in EUR	**EUR**
Fahrzeugeinsatzkosten pro Lastkilometer – km-Satz Fahrzeug	0,59
Fahrzeugvorhaltekosten pro Produktivstunde – Stundensatz Fahrzeug –	9,87
Fahrereinsatzkosten pro Produktivstunde	21,90
Ø Fahrerspesen pro Produktivstunde	2,43
Zuschlagssätze in Prozent	**Prozent**
Verwaltungskosten	18,30
kalkulatorische Wagnisse	1,70
kalkulatorische Eigenkapitalverzinsung	2,70

a) Ermitteln Sie die angefallene Maut.

b) Berechnen Sie die Bruttofracht nach folgendem Schema.

Fahrzeugeinsatzkosten
Fahrzeugvorhaltekosten
Fahrereinsatz
Fahrerspesen

\+ Verwaltungskosten
\+ kalk. Wagnisse
\+ kalk. Zinsen

\+ Maut
Selbstkosten
\+ Gewinn
Nettofracht
\+ USt
Bruttofracht

5. Ein 25-t-Lkw ist von 07:30 Uhr bis 14:15 Uhr unterwegs. Die gefahrene Strecke beträgt 145 km, wovon 80 % auf mautpflichtige Straßen entfallen. Aufgrund der stark verschmutzten Ladung wird ein Margenaufschlag von 5 % vereinbart.

a) Welche Kostentabelle ist anzuwenden?

b) Berechnen Sie die angefallene Maut.

c) Ermitteln Sie die Bruttofracht.

6. Sie werden beauftragt, einem Kunden in Bremen ein Angebot für einen Transport von Mannheim nach Bremen (515 km) zu erstellen. Hierzu erhalten Sie folgende Informationen:

- Einsatz unseres Sattelzuges,
- Abrechnung nach KALIF/KIS,
- angenommene Produktiv- und Fahrereinsatzkosten für zehn Stunden,
- Gewinnzuschlag 7,5 %,
- Mautberechnung soll nicht erfolgen.

Arbeitsblatt 10: Frachtrechnen – DB AG

1. Vervollständigen Sie das unten stehende Schema.

Beim Güterverkehr der DB AG unterscheidet man zwischen der Beförderung im Bereich

2. Ergänzen Sie.

Ausschlaggebend für die Ermittlung der Nettofracht ist:

- ____________________
- ____________________
- ____________________
- ____________________ = Wagen mit zwei Achsen,
- Drehgestellwagen = ____________________

3. Sie sind Mitarbeiter des chemischen Werkes Nürnberg und versenden täglich an einen Kunden im 235 km entfernten Stuttgart 35 800 kg Kunststoffgranulat mit einem Drehgestellwagen der DB Schenker Rail AG. Zur Ermittlung der Bruttofracht liegt Ihnen folgender Auszug aus der Allgemeinen Frachttabelle für Transporte mit mehr als zwei Achsen von DB Schenker vor.

Sendungsgewicht in t	bis 34,499	34,500–39,499	39,500–44,499
Entfernung bis km	**Wagenpreise in EUR**		
200	1 430	1 586	1 783
220	1 501	1 662	1 872
240	1 591	1 761	1 986
260	1 678	1 862	2 099

a) Ermitteln Sie die Fracht aus der beiliegenden Tabelle.

Entfernung: ____________________

Gewicht: ____________________

Wagentyp: ____________________

Ablesen der Nettofracht aus der Tabelle: = ____________________

b) Stellen Sie eine übersichtliche Abrechnung auf und ermitteln Sie die Bruttofracht, wenn DB Schenker ein Margenabschlag von 25 % gewährt.

	Fracht 235 km/35,8 t/Drehgestellwagen		=
–	Marge 25 %	(440,25 EUR)	=
	Nettofracht		=
+	USt 19 %		=
	Bruttofracht		=

4. 20 m lange Kunststoffrohre sollen in einem Drehgestellwagen von Leipzig nach Frankfurt/Oder über 250 km befördert werden.
Berechnen Sie die Bruttofracht, wenn das Gewicht der Ladung 33 800 kg beträgt und DB Schenker einen Margenabschlag von 20 % gewährt.

5. Sie sollen im Auftrag Ihres Vorgesetzten dringend benötigte Versandpapiere im Gewicht von 6,8 kg an Ihren Exporteur in Bremen versenden.
Ermitteln Sie die zu zahlende Bruttofracht, wenn Sie die Sendung direkt am IC-Kurierschalter Ihres Bahnhofs aufgeben und die Sendung dem Exporteur in Bremen direkt zugestellt werden soll.

Auszug aus der IC-Kurierguttabelle!

Gewicht in kg	Basispreise Schiene Bahnhof – Bahnhof	Direkte Abholung und Zustellung innerhalb von 25 km zzgl. evtl. anfallender Mehrkosten
bis 10 kg	89,00 EUR	je 43,00 EUR
bis 15 kg	103,00 EUR	
bis 20 kg	117,00 EUR	

Bei den angegebenen Preisen handelt es sich um Nettopreise.

Bildquellenverzeichnis

ADAC e. V., München: S. 201

Angelika Brauner, Hohenpeißenberg/BV1: S. 195

Braun GmbH, Neumarkt: S. 149

Büromarkt Böttcher AG, Jena: S. 128.2

Bundesministerium für Verkehr, Bau und Stadtentwicklung, Bonn: S. 183

Denios Direct GmbH, Bad Oeynhausen: S. 95.3

Deutsche Bahn AG, Berlin: S. 178.1, 178.2, 178.3, 178.4, 178.5, 178.6

Deutsche Post AG, Bonn: S. 176, 177

Duales System Holding GmbH & Co. KG, Köln: S. 134.1

Elisabeth Galas, Bad Breisig/BV1, Köln: S. 101, 102

European Pallet Association e. V., Düsseldorf: S. 123.3

Evelyn Neuss, Hannover/BV1, Köln: S. 13, 33, 53, 72, 78, 81

Falk Verlag, Ostfildern: S. 202, 205

Fotolia Deutschland GmbH, Berlin: S. 18 (Szabolcs Szekeres), 20 (contrastwerkstatt), 21 (Service P.), 27 (Ingo Bartussek), 38.1 (photo 5000), 48 (Guido Grochowski), 87 (sashpictures), 90.1, 90.2, 95.1 (J.M.) 96.1 (tournee), 96.4 (Johann Müller), 126 (Scanrail), 134.2 (nali), 139.1 (Thaut Images), 139.2 (Eisenhans), 140 (th-photo), 145 (fotohansi)

International Air Transport Association (IATA): S. 189

Internationales Eisenbahntransportkomitee (CIT), Bern: S. 180

Interseroh Dienstleistungs GmbH, Köln/ALBA Group plc & Co. KG, Berlin: S. 134.3

KUKA Roboter GmbH, Augsburg: S. 96.5

MEV Verlag GmbH, Augsburg: S. 39, 90.3, 96.3

Müller + Baum GmbH & Co. KG, Sundern: S. 125

ratioform Verpackungen GmbH, Pliening: S. 129.4, 130.1

RIPACK, Le Haillan, Frankreich: S. 130.2

Rowa Automatisierungssysteme GmbH, Kelberg: S. 96.6

Safe Pack Sicherheitsverpackungen GmbH, Enger: S. 129.1

Scholz Regalsysteme GmbH, Hofheim am Taunus: S. 96.2

Storopack Hans Reichenecker GmbH, Metzingen: S. 129.2

Strapex GmbH, Holzgerlingen: S. 130.3

tesono/Jutta Weis, Pulheim: S. 82.1

Transport Control International GmbH, Oststeinbeck: S. 129.3

Wanzl Metallwarenfabrik GmbH, Leipheim: S. 95.2

Wasser- und Schifffahrtsdirektion Ost, Magdeburg: S. 184
Umschlagfoto: mauritius images GmbH, Mittenwald